# ダークサイド・ムーンの遠隔透視

## 月の裏側に隠された秘密に迫る

大川隆法
Ryuho Okawa

Remote Viewing:

# The Dark side of the Moon

Remote Viewing:
The Dark side of the Moon

ツィオルコフスキー・クレーター付近拡大写真

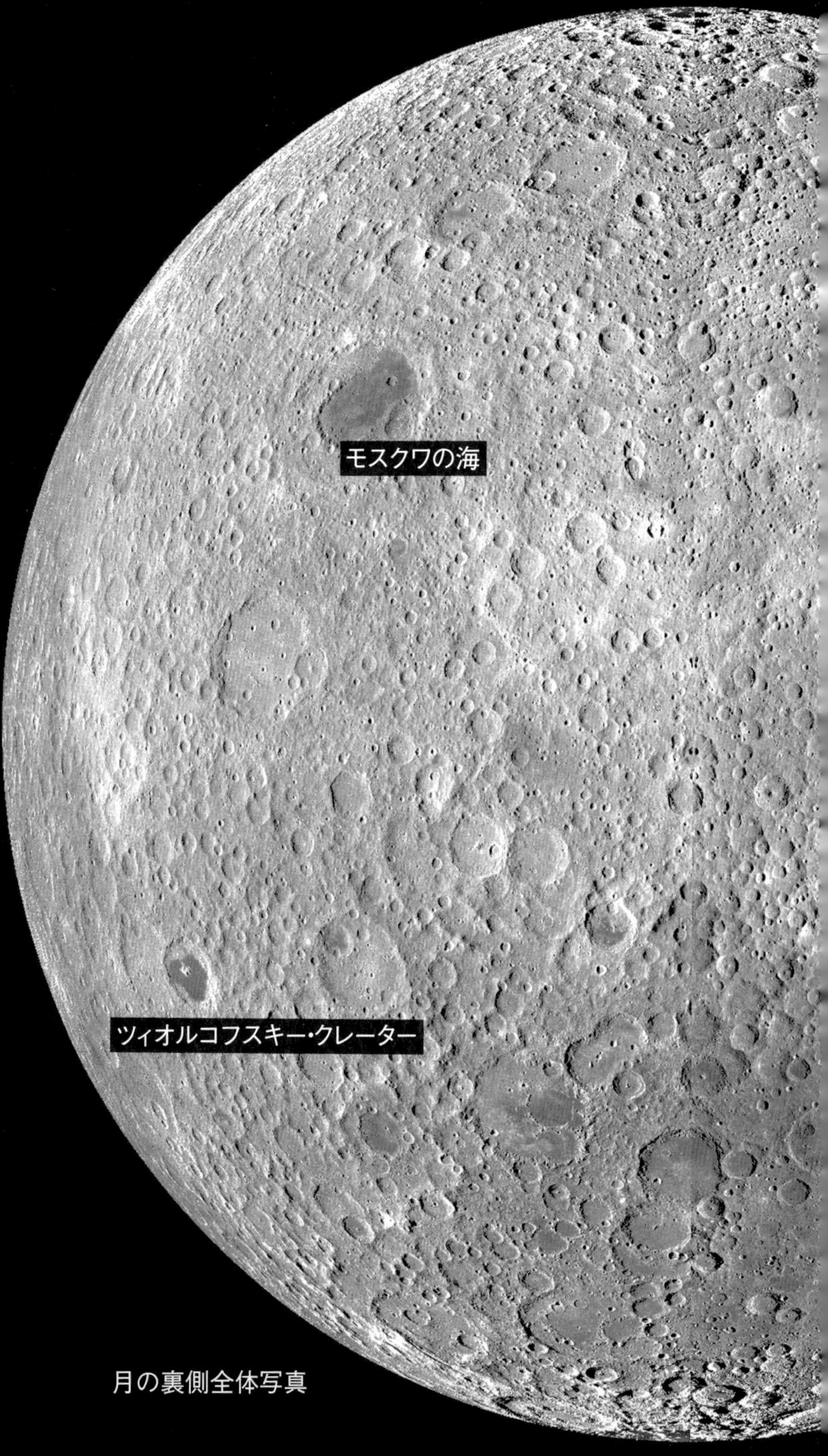

モスクワの海
ツィオルコフスキー・クレーター

月の裏側全体写真

# まえがき

驚異的な内容であろうと思う。地球に居ながらにして、月の裏側の遠隔透視をいとも簡単にやってのける能力を、あっさりと信じろというほうが無理かもしれない。

日本にも昔、月の裏側を念写した超能力者がいたが、私の場合は、数秒から三十秒ぐらいの精神統一で、自分の視覚を伴う霊体の一部を月の裏側まで瞬間移動させ、あたかもテレビのレポーターがインタヴューしたり、レポートする要領で、月の裏側について解説することができる。この神通力（じんつうりき）を何と説明するかは難しいが、釈迦の六大神通力のうちの「神足」と「天眼」を合わせたようなものだろう。私の残った霊体の部分は、地球にとどまって解説できるので、何とも不思議な現象だ。

単純に信じられるかどうかは別にして、とまれ、ご一読を願う次第である。

二〇一四年　三月二十二日

幸福の科学グループ創始者兼総裁　大川隆法

本書に収録された「ダークサイド・ムーンの遠隔透視」は、2013年3月12日、幸福の科学総合本部にて行われたものである——。

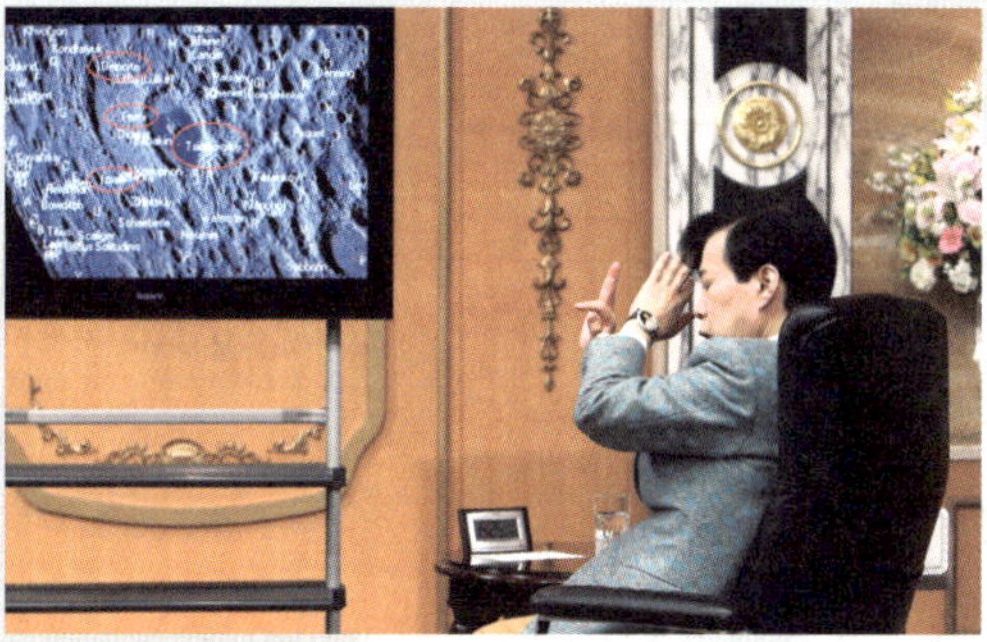

公開収録された「遠隔透視リーディング」の様子。著者本人の霊体の一部を、37万キロの彼方に飛ばし、月の裏側の真相を探る。

# ダークサイド・ムーンの遠隔透視　目次

# ダークサイド・ムーンの遠隔透視

## ――月の裏側に隠された秘密に迫る――

二〇一三年三月十二日　収録

東京都・幸福の科学総合本部にて

「遠隔透視リーディング」とは、特定の場所に霊体の一部を飛ばし、その場の状況を視てくる能力である。さらに、著者の場合は、現在のみならず、過去・未来の時間をも指定して見通すことができる。いわゆる六大神通力の「神足通」と「天眼通」をミックスさせた、時空間をも超えた霊能力である。

# ダークサイド・ムーンの遠隔透視

## ―月の裏側に隠された秘密に迫る―

二〇一三年三月十二日　収録

東京都・幸福の科学総合本部にて

**ダークサイド・ムーン**

地球からは見えない「月の裏側」のこと。アメリカやロシア（旧ソ連）など、幾つかの国が月の探査を行っているが、月の裏側については謎が多く、一部の情報では、ＵＦＯや宇宙人の基地が存在するとも言われている。

質問者　※質問順

小林早賢（幸福の科学広報・危機管理担当副理事長）

斎藤哲秀（幸福の科学編集系統括担当専務理事）

松本弘司（幸福の科学メディア文化事業局担当常務理事 兼 映画企画担当）

［役職は収録時点のもの］

# 1 謎に包まれた月の裏側を「遠隔透視」する

## 月の裏側に、〝いいもの〟が見つかるか

**大川隆法**　今朝ほど、次に予定している映画「ＵＦＯ学園の秘密」（二〇一五年公開予定）のシナリオが完成したので、それを確認して、決裁が終わったところです。ただ、シナリオとしてはできたとはいえ、まだ活字の状態ですので、「映像にするとき、細部の絵をどうするか」という問題は、かなり残っているでしょう。

宇宙船や円盤（えんばん）、宇宙人、あるいは、惑星（わくせい）等の星の様子など、いろいろなものの情報が参考として必要かと思いますし、シナリオには月に関係する部分もありました。

また、先日（二〇一三年三月七日）、エジソンからも、霊言（れいげん）で、「月の裏側を透視（とうし）したらいい」というようなことも言われたため（『トーマス・エジソンの未来科学リーディング』〔幸福の科学出版刊〕参照）、「月の裏側には何かあるのだろうか。でも、広いから大変かもしれないな」などと思ってはいたのです。

今回、〝いいもの〟が見つかるとよいのですが、ネッシーのときのように、つかまえ損（そこ）ねた場合、徒労（とろう）に終わることもあります

（『遠隔透視　ネッシーは実在するか』〔幸福の科学出版刊〕参照）。

まあ、"The great power requires great sacrifice."（大いなる力は、大いなる犠牲を伴う）というところでしょうか。そんな感じがしないわけではありません。

これから、三十七万キロメートル以上の旅をしようかと思います（笑）。往復で七十万キロ以上ですね。正確には知りませんが、私の家のお昼ご飯でエネルギーが足りるのかどうか、やや心配ではあります（会場笑）。

まあ、〝駄目もと〟で、どこまで分かるか、やってみましょう。

## 「怪（あや）しい」と言われている二つの場所

**大川隆法**　（月面（げつめん）の写真が映っているモニターを指して）これは、何か面白（おもしろ）いことを考えたのですか。

**小林**　はい。いわゆる、ダークサイド・ムーン、月の裏側●というのは、ご存じのとおり、地球からは見えません。月面は、常に同じ側しか見えないわけです。これは、正反対の側から撮影（さつえい）された月面の写真です。

●**月の裏側が見えない理由**　月は、約27.5日で地球の周りを1回、回るが、そのあいだに、月そのものもゆっくりと1回、自転している（つまり、公転と自転がシンクロしている）。そのため、常に地球に同じ面を向けていることとなる。

アメリカのNASA（ナサ）から、あるいは、一部ロシアから漏（も）れてきている情報によりますと、「この辺りが怪（あや）しいのではないか」と言われている場所が二カ所あります。

**大川隆法**　うーん。

**小林**　一カ所は、「ツィオルコフスキー・クレーター」です。これは、ロシアの「ロケット工学の父」と呼ばれる人の名前にちなんだ大きなクレーターですが、ここは、クレーター自体もさることながら、その西側辺りも怪しいのではないかという情報があります。

**大川隆法**　うん。

**小林**　それから、もう一カ所は、北半球なのですが、ここに、いちばん大きな盆地(ぼんち)状のものがあり、「モスクワの海」という名前が付けられています。

この盆地の周囲も、少し怪しいのではないかという情報がリークされています。そこで、少し絞(しぼ)りをかけながら、まずこの辺りを見ていけば、何か分かる可能性があるのではないかと考えています。

1　謎に包まれた月の裏側を「遠隔透視」する

大川隆法　なるほど。

## 月の裏側には「恐ろしいもの」があるのか

大川隆法　今日の題に近いような映画も、二年ほど前にありました（「トランスフォーマー／ダークサイド・ムーン」）。その映画は、「アポロ計画のあと、月に行きたがらなくなったが、何か、恐ろしいものでも見たのではないか。どうも、月を避けているようなところがあるらしいので、その秘密を解こう」ということで、漏れてき

## アポロ計画

1961年、アメリカのJ・F・ケネディ大統領（写真右下）によって開始された「月への有人宇宙飛行計画」。1969年にアポロ11号が人類初の月面着陸に成功した（写真上はアポロ11号を載せて発射されるサターンV型ロケット。写真左下はアポロ11号のオルドリン宇宙飛行士）。

た情報をもとにつくられていたようです。

要するに、「月には、近づいてはいけない何かがあるのかどうか」というところでしょう。

ちなみに、地名は二つともロシアに関係するものなのですね。

**小林**　ええ、月に地名を付けるとき、表のサイドには、歴史上の人物である「コペルニクス」や「アルキメデス」などの名前を付けていったようなのです。

**大川隆法**　ああ、なるほど。

**小林**　ただ、ダークサイドには、アメリカやロシアなどの科学者とか、イタリアのフェルミという物理学者の名前とか、そのような名前が付けられています。

**大川隆法**　ああ、そのようですね。

ただ、〝ウサギさん〟を見つけるのは、大変でしょう（笑）。まあ、ウサギが餅（もち）をついたりはしていなさそうですが、はたして、どこまで行けるでしょうか。

**斎藤**　ちなみに、「2001年宇宙の旅」で有名なSF作家のアーサー・C・クラークも、「月の裏側を支配する広大なツィオルコフスキー・クレーターの周辺には、何が潜(ひそ)んでいるか分からない」と書いています。その文章には、「本当は知りたいのだけれども、知ることができない」という残念な気持ちが表れているように思いました。

**大川隆法**　ああ、そうですか。

# 2　黒ヤギ型宇宙人の「前線基地」

## ツィオルコフスキー・クレーターの透視に入る

**大川隆法**　かなり労力を使う可能性がありますが、とりあえず行ってみますか。駄目なら、全部調べるしかありませんが、まずは、〝ツボ〟のところから行きましょう。

（モニターにツィオルコフスキー・クレーターが表示される）

**小林**　このアップになったところが、ツィオルコフスキー・クレーターです。

**大川隆法**　なるほど。ここは、盆地（ぼんち）のような所なのですか。

**小林**　はい。「盆地ではないか」と言われています。

**大川隆法**　盆地に、何か山のようなものがある感じなんですね。

**小林**　ええ。真ん中に、ちょっと、山というか……。

**大川隆法**　（ツィオルコフスキー・クレーターの近くに幾(いく)つかの小さなクレーターが表示されているのを見て）ああ、ほかにもたくさんあるのですね。

**小林**　ええ、これらも、「怪(あや)しい」と言われているものです。

（モニターの写真を指して、上から順に）これがデルポート、そ

月面座標
南緯 19.61 度　東経 123.24 度
直径 241.41㎞

月面座標
南緯 15.89 度　東経 121.55 度
直径 42.50㎞

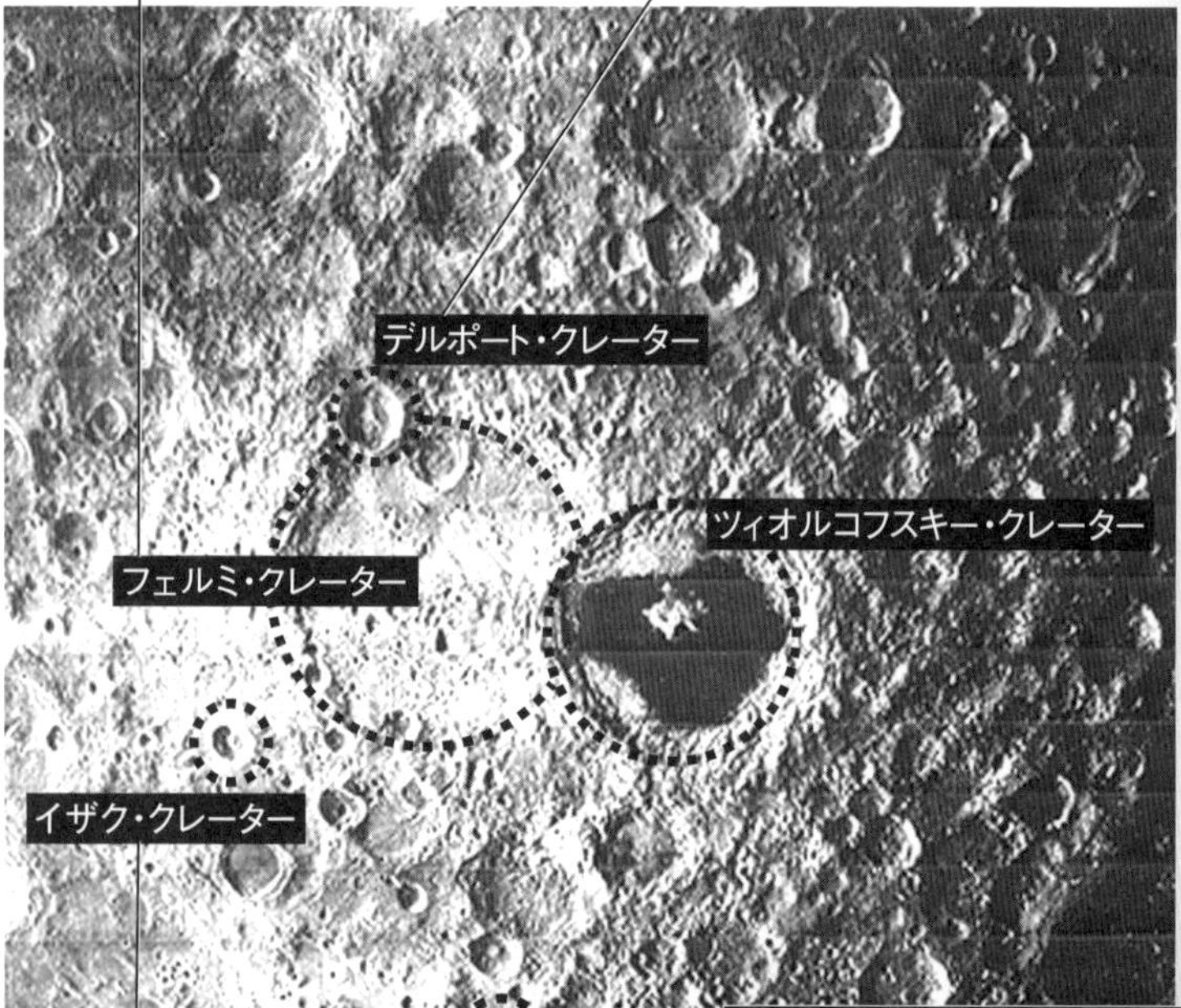


月面座標
南緯 23.32 度　東経 117.59 度
直径 30.83㎞

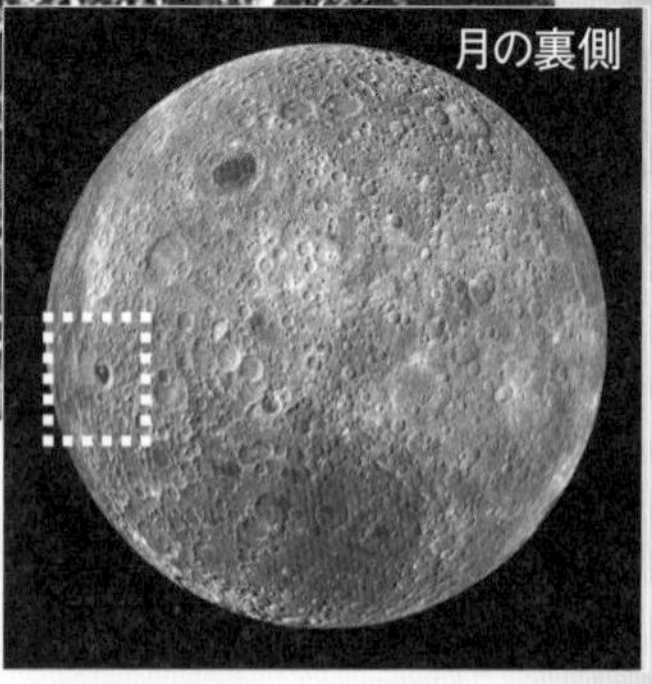


（写真上）右の白点線部分を拡大したもの

れから、フェルミ。これは先ほどの物理学者の名前です。そして、イザクです。だいたい、この三つぐらいが「何となく怪しい」と言われているクレーターです。

**大川隆法**　はい。分かりました。

“Let's begin the remote viewing of the dark side of the moon.”（月の裏側の遠隔透視を始めよう）というところですね（笑）。

それでは、参ります。

まず、いちばんメインの辺りであるツィオルコフスキー・クレーターを中心に行きます。

これから、月の遠隔透視に入ります。

（瞑目し、額の前で両手の指先を合わせて三角形をつくる。約三十秒間の沈黙）

## ボロボロになった旗が立っているのが視える

**大川隆法**　おかしいなあ。何か……、旗のようなものが視えます。なぜだろう。よく分からないのですが、旗が立っています。まるで、南北戦争で北軍と南軍が戦ったあと、死骸の山となった岩山に立っているような、そんな感じのものです。布の端のほうがボロボロになっていて、ポールのところだけがあって、上に丸い真鍮の球があるような、そんな旗のようなものが立っているのが視えますね。

うーん、何でしょうか。

でも、おかしいですね。ロシア人の名前が付いているから、ロシアの宇宙船が行ったのかもしれませんが、旗としては、アメリカの星条旗によく似たようなものが視えます。

**小林**　もしかして、「半分アメリカ、半分ロシア」のような旗ですか。

**大川隆法**　そうでしょうかねえ。

なんか、旗といっても、南北戦争か何かの映画でも観ているような感じの旗が突き刺さっているのが、今、視えているんです。

うーん、分からない。誰かが内緒で行ったのでしょうか。少し分からないのですが、何か、そういうものが、今、視えています。

## 貝殻（かいがら）のように視（み）える大きな建造物

**大川隆法**　もう少し視（み）てみます。

（約五秒間の沈黙）

次に視えてきているものは、ちょうどアコヤ貝のようなものです。まあ、そうですね。画用紙、あるいは、テレビの画面に見立てて言うと、右上から右下に閉じていたものが、斜（なな）めになっており、それが、半開きというか、三十度開きぐらいした感じです。何か半円形の貝殻のような大きなものが、両側合わせて三十度ぐらい、それぞれ十五度ずつぐらいの角度で開いています。

まだ大きさは測定できませんが、それが視えている姿です。まあ、大きなカラス貝のような感じでしょうか。よく分かりませんが、人工のものかなという感じが若干しています。

外側は黒みがかっていて、黒い溶岩質のようなものに視えますが、今、三十度ぐらい、いや、三十度強ぐらいでしょうか、開いている、その両面の内側は、湾曲しながら、いわゆるアコヤ貝のように、薄い虹色の輝きを持った、艶のある姿に視えます。滑らかな艶があるように視えますね。

そして、その両側を降りていった下のところ、貝であれば、貝の身の部分があるところですが、この部分に、黄土色というか、ウニのような色をしたものが視えます。半開きの貝のようなものの下側のところに、それが視えます。ここだけ、ある種の土のようなものをつくっているのでしょうか。

たぶん、外側の貝殻風に見えるところは、開閉ができるのではないかという感じがしています。何か危険があると外側が閉まるのであり、そうなると、貝と同じで保護色になるため、切り立った崖や山のようにしか見えないのではないでしょうか。

遠隔透視によって視えた貝殻のような形の大きな建造物

そして、これが開いたときには、なかの土の部分の下から、何かが出てこられるようになっているのではないかと思います。

これから大きさを測りに入りますので、少し待ってください。これがいったい、どのくらいの大きさがあるものなのかを視たいと思います。

（約五秒間の沈黙）

うーん、その〝貝〟が開いた下の部分の、土のようなところの大きさは、球場にたとえると、東京ドーム四個分ぐらいはありますね。そのくらいはあると思います。

だから、外側を閉じたら、ちょっと山のように……。

（モニターのツィオルコフスキー・クレーターの写真を指して）あれ？　真ん中に、何か〝変なもの〟がありますね。

**小林**　これは、「島」と言われているのですが、「島ではないのではないか」という説もあり、正体不明のものです。

**大川隆法**　（モニター画面に右手をかざす）うーん。これなのでしょうか。

その写真だと、デコボコした山のように見えるのですが、私には、どう視ても、先ほど言った、カラス貝かムール貝か知らないけれども、何か、ああいうものが開くような感じに視えているのです。

これがいったい、どこに当たるのかは分かりかねますが……。

（モニター画面に右手をかざし、遠隔透視で視えているものとモニターの写真とを見比べるようにしながら）うーん。やはり、その中心の島のようなところが怪しいですね。何か、その辺りは怪しい感じがします。

モニターの月面の画像に手をかざし、遠隔透視を行う

もう少し入ってみます。

（約十五秒間の沈黙）

下の部分の、一見、球場のように視えていたところは、もう少し詳しく視ると……。いや、実は、上が少し盛り上がっていて、回転できるようなものになっているように視えるので、これ自体が、巨大な円盤ですね。これが、はまっている感じがします。巨大な円盤のようなものが、ここに、はまっていますね。

これが、この〝貝〟のなかです。

要するに、格納庫でしょうか。格納庫のようなものが外側にあって、なかが見えないように、いちおうカムフラージュしているのでしょう。これが開(ひら)いて、外に出られるようになっているわけです。かなり大きなものなので、母船の一つかと思われます。

### 母船のなかにあるロケットに似た形の機械

**大川隆法**　では、この円盤のなかへ入ってみます。

（約十五秒間の沈黙）

うーん、けっこう大きいですね。けっこう大きくて、やたらに通路ばかりが視えます。この通路は、真っ直ぐのところと、階段のように……、階段というか、スロープのように上がっているところと、両方あります。外側をグルグルと通路が回っていますが、どうしたら入れるのでしょうか。

今、真ん中の通路を行こうとしていますが、ああ、螺旋階段状の通路が視えてきて、真ん中に巨大な動力源のようなものがありますね。

これも、何と表現したらいいのか分かりませんが、印象的には、ロケットに似たような感じで、発電機のように見えるスタイルのものが、真ん中にあります。その周りを、螺旋状に、下から上まで上がれるような通路がありますね。

真ん中にあるこれは、何か動力源だと思うのですが、もしかしたら、これ自体、円盤のなかにあるロケットなのかもしれません。そういう感じがしないでもないですね。

ただ、ここが司令塔でしょう。ここが司令塔であることは間違いない。ここから（司令が）出ています。ここが母船の司令塔ですね。それは間違いない。

ここが動力源で、さらに、私たちが考えているのとは少し違うタイプの人工知能が入っているように視えます。機械のようには視えるけれども、「思考体」、「思考のエネルギー」のようなものが感じられます。それがはっきり感じられますね。「エネルギー」と「思考力」を、今、同時に感じています。

まあ、「こんなものから」と呼んでいいかどうかは、ちょっと分かりませんけれどもね。

まあ、はっきり言えば、タケノコが生(は)えているような感じです。つまり、その巨大な円盤の中心部分には、吹(ふ)き抜(ぬ)けの空間みたいなところがあって、螺旋階段のようなものがあり、そのど真ん中に、タケノコのような形の大きなものがあります。

これが、単なる動力源なのか、それとも、これ自体がロケットになっているのかまでは、今のところ分からないのですが、そこから感じられるものは、一つの大きな意志を持った知能のようなものです。

たぶん、機械的なものが入っているとは思われるんだけれども、そういうものと、エネルギーですね。すごいエネルギー源、なんか電気に似たようなエネルギーをつくっていて、かつ、意志を持っているものです。

このエネルギーは、何なのでしょうか。うーん、何か、月から採れるエネルギー源があるようですね。たぶん、月から採れる鉱石のなかに、エネルギーに換(か)えられるものがあると思われます。それをエネルギーに換えているのではないかと推定されます。

そのタケノコ状に出ているものの大きさは、どのくらいあるでしょうか……。うーん、百メートルぐらいでしょうか。その中心部分にあるものは、百メートルぐらい出ていますね。

その周りには空間があり、さらにその外側には、いわゆる円盤というか、宇宙ステーションのように、いろいろなシステムとか、部屋とかがあって、たぶん、生活している人たちがいるはずです。

母船のなかにあるタケノコ
のような形状の動力源

## ガイド役として出てきた「黒ヤギ型」宇宙人

**大川隆法**　そのへんを、もう少し視てみましょう。誰か、会うような人がいるかどうか……。（約五秒間の沈黙）どなたか、ガイド役の方、出てきていただけないでしょうか。

（約十五秒間の沈黙）

うん。前にも視たことがあるような、ヤギ型の頭をした人が、今、一人出てきました（注。以前に行った「宇宙人リーディング」で、ヤギ型の宇宙人が何人か登場している。『宇宙人リーディング』（幸福の科学出版刊）、『宇宙人探索リーディング』『多様なる創造の姿』（共に宗教法人幸福の科学刊）参照）。

ヤギ型ですが、顔は黒い毛で覆われています。確かに、頭には、ヤギのように、後ろに曲がった、模様のある角のようなものがあります。

顔はヤギに似てはいますが、ヤギそのものではないのでしょう。

ああ、コスチュームが視えてきました。宇宙服を着ていて、二本足で立っています。だから、ヤギではないのですが、よく似ています。

この方は、「白ヤギさん」ではなく、「黒ヤギさん」のような感じの方です。もしかしたら、前に会ったことがあるでしょうか……。

（質問者に）この方に何か訊きたいことはありますか。

**松本**　身長は、どのくらいでしょうか。

**大川隆法**　身長は、どのくらいあるのですか、あなたは。（約五秒間の沈黙）

うん？　本当ですか。「五メートルぐらいあります」と言っています。かなり大きいですね。

**松本**　大きいですね。

**大川隆法**　ええ。大きいです。

何？「重力がないから、別にいいじゃないですか」と言っています。まあ、それはそうかもしれませんね。

**松本**　その方が着ている宇宙服は、どのようなものですか。地球の宇宙飛行士が着るようなものなのでしょうか。

**大川隆法**　ええとですね、顔は出ているんですよ。だから、このなかは、たぶん呼吸ができるのでしょうね。

顔は出ているのですが、首から下は、いわゆる宇宙服的なコスチュームです。ただ、地球人が着る宇宙服に比べると、それほど不自由な感じはしないので、もう少し軽くてしなやかな素材でできているのでしょう。それでいて、機能的には変わらないようなものではないかと思われます。

**松本**　ちなみに、色は、どんな……。

**大川隆法**　銀色です。

**松本**　はい、分かりました。

**大川隆法**　さて、この基地の全貌を明かしてもらえるかどうかは分かりませんが、どこから攻めましょうか。

（質問者に）質問がありましたら、どうぞ。

母船内のガイド役として出てきた
「黒ヤギ型」の宇宙人。身長は5m。

## 地球へ行く前の「最終調整」をするための基地

**斎藤**　以前の「宇宙人リーディング」では、白ヤギ型の宇宙人が月面基地におられましたが（前掲(ぜんけい)『宇宙人リーディング』参照）、その方とは、どのようなご関係でしょうか。同じ種族なのでしょうか。それとも、敵対しているのでしょうか。

**大川隆法**　「まあ、仲間は、仲間だ」とのことです。「われわれの仲間は、今、このへんには二千人ぐらいいます」と言っています。

**斎藤**　その基地に二千人いるのですか。

**大川隆法**　「この基地だけかどうかは分からないが、全部で二千人ぐらいは来ていて、その種類には少し差がある」という言い方をしていますね。

**松本**　種類があるのですか。

**大川隆法**　うん。だから、〝白ヤギさん〟と〝黒ヤギさん〟がいたように、種類が多少あるようですね。

**松本**　その母船は、どういう目的で来たものなのでしょうか。

**大川隆法**　うーん、「ここは、地球へ行くための最終段階の調整をする基地の一つです。宇宙を旅してきて、地球にそのまま突入するのは、ややきついので、いったん、ここで休憩することが多いのです。ここは、そういう機能を持っている所です」と言っています。

さらに、「地球に行く前に、休憩を取ると同時に、エネルギーを補給し、（地球の）学習などをするためのセクションでもあるので、その意味では学習センターでもあります。また、地球に行っていた人が、いったんここに帰ってきて、〝リハビリ〟をしてから、ほかの宇宙に行ったりします。ここは、その最前線基地の一つなんです」ということを言っていますね。

**松本**　そうすると、そのヤギ型の方以外に、他のいろいろな星の方も、そこに寄られるのでしょうか。

**大川隆法**　ヤギ型以外の方は……。「今、何種類かおります。でも、どちらかといえば、私たちは、地球を防衛しようと思っている側の宇宙人です」という感じのことを言っていますね。

# 3　レプタリアン型宇宙人を発見

## 乗り物で月面を走っている「筋(すじ)のよくない宇宙人」

**小林**　先日の「エジソンの霊言(れいげん)」で、エジソン先生から、「ダークサイド・ムーンには、やや邪悪(じゃあく)な者、友好とは別の意図を持った宇宙人が、最近、増えている」というお話があったのですが（前掲(ぜんけい)『トーマス・エジソンの未来科学リーディング』参照）、そのことに関して、何かお話を頂けそうでしょうか。

**大川隆法**　うーん、「いる」と言っていますね。

ええと……、私の目に視えているのは、後頭部が異常に出っ張っていて、髪があるのかどうか分かりませんが、炎が後ろに伸びたような形の頭をしたものです。それが、なんか、乗り物に乗って走っています。これではまるで「ライダー」ですね。そういう、「月面ライダー」のようなものが、乗り物に乗って走っています。

何か、月面を走るための乗り物があるのでしょうか。基地は別なところにあるのだろうと思いますが、月面を走っているものがいます。

これが、やや悪質というか、あまり筋がよくないタイプの宇宙人ではないかと思います。

**小林**　その宇宙人と、宇宙連合、あるいは、惑星連合のほうと、摩擦のようなものが起きていたりするのでしょうか。

**大川隆法**　うーん、「所有権が確定していないのだ」と言っています。「ダークサイド・オブ・ザ・ムーンの所有権が確立していないので、事実上、先に入った者が、そのテリトリー（地域）を押さえて、自分のものにする感じになっている」ということのようですね。

**月面車で走行中のレプタリアンを〝捕獲(ほかく)〟する**

**小林**　その月面をライダーのように走っている宇宙人が、どこから来たのか、特定は可能でしょうか。

（約十秒間の沈黙(ちんもく)）

**大川隆法**　〝捕獲(ほかく)〟してみますので、少し待ってくださいね。

かなりの速度で走っています。とても速いですが、〝捕獲〟に入ります。

（約五秒間の沈黙）

ちょっと止まれ。止まれ。止まれ。
はい。はい。よろしい。
うわっ！　口を開けたらすごいですよ。すごい歯が生えています。
歯はピラニアのようです（笑）。

**斎藤**　牙ですか。

**大川隆法**　うん。ピラニアのような歯が生えていて、少し口が尖っていています。ピラニアのような、ごつくて獰猛な歯ですね。口が出っ張っているから、これは確かに肉食というか……。ああ、なるほど、生きているものを食べるスタイルの宇宙人です。

そして、頭の後ろが妙に長く伸びているのが印象的で、何とも言えない感じです。

まあ、手はあるし、いちおう足も付いていて、尻尾も少しはあるような気がします。

それで、ライダーのように乗り物に乗れるのですね。これは、彼らの一人用の月面車で、今、それに乗って走っていたわけです。

**松本**　それは、地面を走るものですか。

**大川隆法**　地面を走るようですね。ただ、そうとう速いですよ。先ほど、ものすごい速度で走っていましたから。時速二百五十キロぐらいで移動していたように視えましたが、今、それを止めているのです。

フードのようなものを被(かぶ)っていたのですが、それをとると……、やはり、レプタリアンの変形だと思います。

**松本**　大きさは、どのくらいでしょうか。

**大川隆法**　大きさはどのくらいか……。三メートルぐらいですね。

**松本**　三メートルぐらいですか。

## 山のような外見をしている〝ライダー〟の基地

**大川隆法**　それで、何？　まさか狩(か)りをしているわけではないでしょうね（笑）。

あなたは何をしているのですか。邪魔(じゃま)をしてすみませんね。〝業務妨害(ぼうがい)〟をして申し訳ない。少しだけ話を聞かせてください。

ちょっと待って……。何をなさっているのですか。

（約五秒間の沈黙）

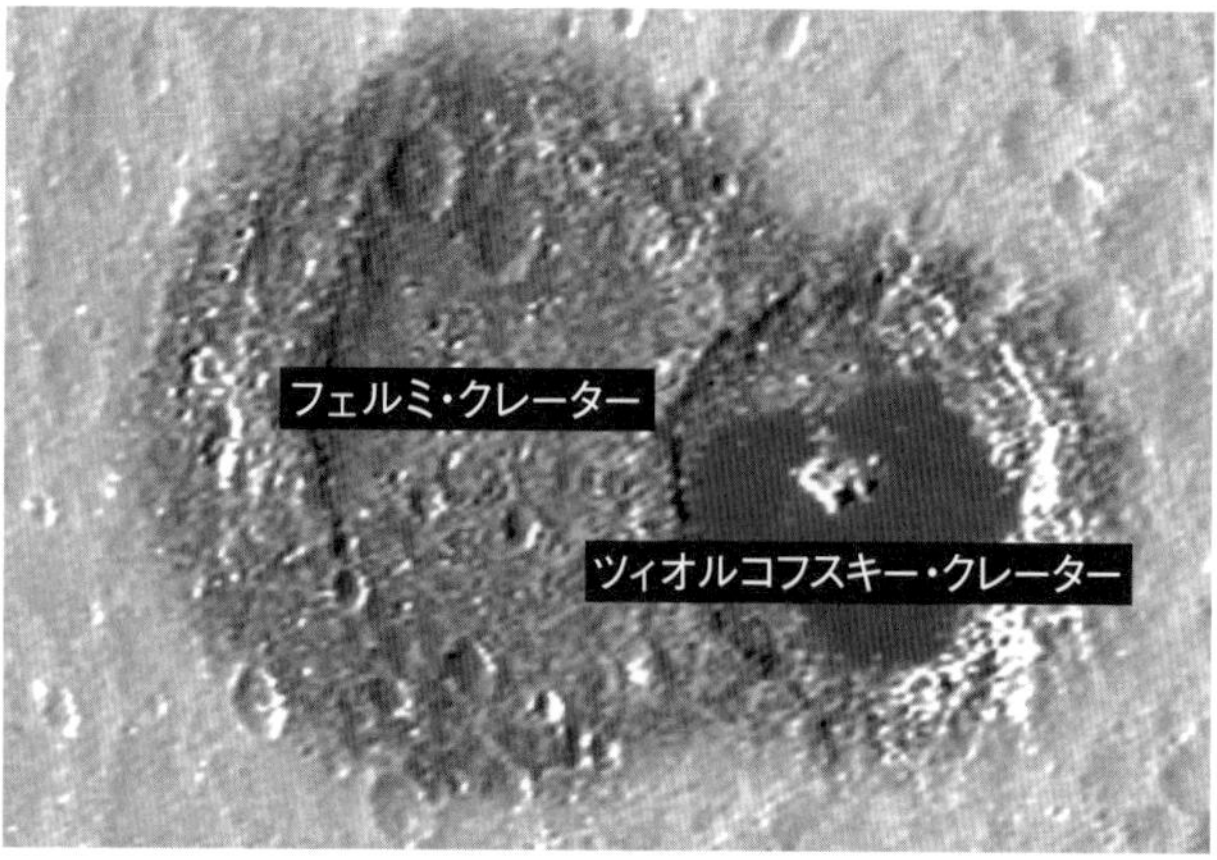

フェルミ・クレーターの近くで、走行中のレプタリアンを〝捕獲する〟

「われらも、基地は持っているのだ」と言っていますね。その基地は、わりに近い所にあるようです。

今、〝捕獲〟した場所は、フェルミ・クレーターの近所ですが、そこからわりと近い所に基地を持っていますね。「われらも基地を持っている」と言っています。

では、基地のほうを視せていた

だきたいと思います。どんな基地なのでしょうか。

（約五秒間の沈黙）

ああ、なるほど。そんな簡単に分かるようなものではないですね。今、視えてきた基地は、外見上、外側は、やはり山にしか見えないのではないかと思います。この山の四分の一ぐらいの部分が、ケーキを切ったような形にえぐれているというか、切り込みが入ったような感じになっています。

そこが、実は、構造物の入り口で、そこから奥に入っていけるようになっていますね。

そのように、外側は、山のように見せるようなつくり方をしています。

先ほどのものは、貝のような形でしたが、これは、山肌（やまはだ）のように視えます。そして、ケーキを四分の一ほど切り取ったような、開（ひら）いている部分に、階段状の構造物のようなものが視えます。

たぶん、このなかに基地があるはずです。

**松本**　それは、グレーっぽい色でしょうか。

外見を山のように見せているレプタリアンの基地

**大川隆法**　え？　何のですか？

**松本**　その基地の色味ですが……。

**大川隆法**　基地の色ですか。

**松本**　はい。

（約十秒間の沈黙）

**大川隆法**　外側の山のように視えるところは、灰色の黒ずんだような感じなのですが、切り口に当たる部分には、少し赤みがかった部分とクリーム色がかった部分が視えます。ちょうど、山が切り出されたときのような感じの色合いに視えますね。

**松本**　なるほど。大きさは、どのくらいでしょうか。

**大川隆法**　大きさは……。（約二十秒間の沈黙）ここには地下の部分があるようなので、ちょっと……。地上部分は、高さが五十メートルぐらいでしょうか。地上に出ている〝山〟

の高さは、五十メートルぐらいだと思いますが、地下がありますね。地下があって、そこに構造物がだいぶあります。

ここは、一つの基地なのでしょうが、わりに近いところにありますねえ。

**斎藤**　やはり、地球人から見えないようにカムフラージュされた建物が多いのでしょうか。パッと見て、基地だと分かるようにはなっていないということでしょうか。

**大川隆法**　うーん、写真を撮(と)って、即(そく)、基地だと分かるようにはっくられていないですね。彼らにとって、「すぐに分かる」ということとは、「攻撃（こうげき）されやすい」ということを意味するので、カムフラージュできるようにはなっているようですね。

まあ、いろいろな宇宙船が来るので、それらを見たときに、一見して分からず、見過ごすような感じになっています。

どちらかといえば、海の底の生き物のように、保護色（ほごしょく）風に、見えなくなっているような基地のつくり方をしています。どちらもそうですね。

## 4　アポロ飛行士が月で見たもの

### 地球から調達している〝食料〟とは

**大川隆法**　今のライダー型の宇宙人はレプタリアンですが、彼は、いったい何を食べて生きているのでしょうかね。もう一回、ちょっと、すみません。〝おじさん〟、ちょっと待ってください（会場笑）。

あなたは、今、何を食べて生きているのですか。

（約五秒間の沈黙（ちんもく））

うーん……、「食料は、大部分を地球から調達している」と言っています。

**斎藤**　何を調達しているのですか。

**大川隆法**　え？

斎藤　何を食べているのでしょうか。

大川隆法　うーん。「動物も人間も調達している」と。

斎藤　人間も食べるのですか。

大川隆法　食べるようです。「進化した動物ほど、タンパク質の『質』が違(ちが)うということを、あなたがたは知らないのだ」と言っています。

「高度な進化を遂げたものを食べると、その分だけ、自分の進化にプラスになる。しかし、劣等なものを食べると、お腹を下すというか、『悪いものを食った』という感じになるので、できるだけ、進化したものを食べることが、全体的にいい。〝健康〟にいいのだ」とのことです。

**斎藤**　（苦笑）人間は好物に近いということですか。

**大川隆法**　うーん、「地球で、かなり捕食はしている。もちろん、月面でも、ほかの宇宙人で、とろいのがウロウロしていたりすると、捕獲（ほかく）することは、当然ある」と言っています。

このライダーのような宇宙人は、「自分は捕食用のパトロール要員である。月面をパトロールしていて、たまに、とろいやつが来たときに捕（つか）まえているんだけど、主として、地球から食料は得ている」と言っていますね。

**小林**　ちなみに、どちらの星から来ているかは分かりますか。

**大川隆法**　あなたは、どこから……。

（約五秒間の沈黙）

「直前にいたのは、エササニ星だ」と言っています（注。エササニ星は、シリウスの近くにある星で、「イセエビ型」や「サソリ型」の宇宙人がいる。また、エササニ星人のなかには、「バシャール」と名乗ってチャネラーに通信を送っている者がいる。『宇宙人リーディング』（前掲）、『宇宙人リーディング　未来予知編』『宇宙の中の地球人』（共に宗教法人幸福の科学刊）参照）。

**松本**　直前……。

**大川隆法**　「エササニ星出身ではないのだけど、直前にいたのはエササニ星で、そこから来た」と言っています。

だから、その前があるようですね。その前は……。うーん？　「射手座」と言っているのでしょうか。「射手座の方向の星」と言っているように聞こえます。そして、「エササニ星経由で、ここへ来た」と言っています。

「今、地球は、〝食料〟がすごく豊富になりつつある」と言っているので、ちょっと、まずい〝あれ〟ですが（笑）。

**松本**　「地球は人口が多い」ということでしょうか。

**大川隆法**　まあ、確かにそのとおりです。爆発的に増えていますからね。

## 「次の地球人」になるためのさまざまな実験

**小林**　これまでの「宇宙人リーディング」によると、地球に来ている宇宙人は、どこかの国と接触し、組んでいるケースが多かったのですが、その宇宙人は、今、どこかの国の政府等と接触しているのでしょうか。

**大川隆法**　あなたは、どこかの国と接触がありますか。

（約五秒間の沈黙）うーん……。（約十秒間の沈黙）

「やはり、人権意識の低い所が入りやすい。人が一人いなくなったぐらいであまり騒ぐような所には入りにくいけど、人権意識が薄い所には入りやすいので、中央アジアから、中東、アフリカ辺りが入りやすい所だ」と言っています。

それから、「あなたがたは知らないだろうけど、宇宙船で人間を連れてきていると思ったら甘いんだよ」と言っていますね。

**斎藤**　え？　それは、どういうことですか。

**大川隆法**　「そんな原始的な方法を、いつまでも使わないんだ。今は、転送装置のようなものができているので、地球で捕獲したやつを転送装置にかけて、こっちへ送れるんだ」と言っています。

そして、「地球で長く生きていた、進化したものを摂取すると、地球人として生まれ変わるのが早くなる。食料としてだけでなく、いろいろな意識や知識、知恵が一緒に吸収されるので、地球人になって生まれてきやすくなるのだ」ということです。

今、何か、微妙な方程式のようなものを私に示しているのですが、私にはよく分かりません。「これを、このくらい、こうしたらこうなる」というようなものを示しています。

うーん、「あなたがたは、（宇宙人が地球に生まれてくる方法として）転生輪廻ばかりを思っているんだろうけど、『生命の誕生』というのもあるのだ。その意味で、われわれは、生命を創造することで、地球人として初めて生命を持つことができるのだ。そのために、人間を摂取して地球人のいろいろなものを吸収し、地球的な環境で生きられる体質をつくっているのだ」と言っています。
「それから、アブダクション（誘拐）も一部やってはいるけども、それは、遺伝子実験をするためである。人間の卵子や精子を研究して、『どうやって、ヒューマノイド型の外見の肉体をつくるか』の研究をしているのだ」ということを言っていますね。

**松本**　それは、地球に移住しようという趣旨でしょうか。

**大川隆法**　「もちろん、そのつもりだ。われわれが次の地球人になるつもりでいるのだ」と言っています。

**松本**　月でのそういう実験は、いつごろから始めているのでしょうか。

**大川隆法**　「いや、邪魔するやつもいるので、ちょっと、ややこしいのだ。やろうと思えば大々的にできるのだが、抑止力が効いていて、なかなか勝手にはできない。やはり、隙を見てやるような感じでしかできないので、なかなか面倒なのだ。どうして、こんなに考え方の違う人がいるのか、ちょっと理解ができない。地球人が入れ替わったって別にいいじゃないか」と言っています。

**斎藤**　では、全然、悪気(わるぎ)はない感じですか。地球的善悪の基準ではなく……。

**大川隆法**　そうですね。基本的な思想は、「優勝劣敗(ゆうしょうれっぱい)」型の思想ですね。

だから、「進んでいるものが、劣(おと)っているものを犠牲(ぎせい)にして進化することは、いいことだ」という考え方を基本的に持っています。

## 「見てはいけないもの」を見たアポロ計画の宇宙飛行士

**小林**　アメリカのアポロ計画が始まった理由については、「旧ソ連が月面の宇宙人基地にアクセスしようとしていたことに焦ったJ・F・ケネディ大統領がスタートさせた」という説がアメリカ政府内に根強くあります。そのアポロ計画自体は、17号で、突然、打ち切りになったわけですが、今までのお話は、このことと何か関係があるのでしょうか。

## 謎の多いアポロ計画

アポロ17号

アポロ計画は、もともと20号まで予定されていたが、1972年の17号の月面着陸を最後に、突然、打ち切りとなった。

アポロ13号

1970年に打ち上げられたアポロ13号は、月に向かう途中で酸素タンクが謎の爆発を起こし、月面着陸を断念せざるをえなくなった。飛行士たちは深刻な電力不足と水不足を乗り越え、奇跡的に地球への生還を果たした。

**大川隆法**　「それは、一部、関係がある」と言っています。
うーん、一部関係があるというのは、「彼らは見てはいけないものを見たのだと思う」と。

**松本**　何を見たのでしょうか。

**大川隆法**　「彼らが見たのは、地球から転送された人間と、それが捕食されて宇宙人の体内に入り、さらに、その宇宙人の姿が変化して地球人に化けていくようなところだ。彼らは、それを知ってしまったのだ。それで、恐怖を覚えて、『ここには長くいてはいけない』

と感じたし、来た人の多数は発狂したはずだ」ということを言っていますね。

**松本**　怖いですねえ。

**大川隆法**　「見てはいけないものを見た」と言っています。

だから、「地球人の体をそのまま乗っ取る」というのではなく、いったん吸収した上で、地球人の持っている遺伝形質を学びとり、再生するのです。そういう、何らかの再生原理を持っているようですね。

これは何か、工場や研究施設(しせつ)のようなかたちで、さまざまな宇宙人との交配実験をして、「どんなふうにつくり変えるとよいか」ということを、いろいろやっているわけです。

## あらゆる角度から「人間の生態」を研究している

**大川隆法**　それから、「一部は、まだ人間にはならないで、動物のスタイルで地球に存在しているものも、実はいる」と言っていますね。

**松本**　それは、どんな動物でしょうか。

**大川隆法**　「一見、野生との区別がつかないような動物の格好をしている。例えば、サファリパークや動物園等で、みんなが動物を見て喜んでいるけれども、逆に、『動物の側から人間たちを観察して資料を集める』という役割で入り込んでいる宇宙人も、実は、いることはいるのだ」と言っています。

「だから、人間の情報は、すべて集めている。人間の行動パターンを分類すると、一億通りぐらいのパターンがあって、『どういうときに、どのような動きをするか』というのを、いろいろと仕分けていって、それを学習しなければいけないので、非常に難しい。

人間になって生まれるときに、奇人(きじん)・変人になってしまわないように、いろいろな角度から、要するに、人間の目からも見れば、動物の目からも見ている。あるいは、ペットなどにも一部侵入(しんにゅう)して、ペットの目から人間の生態を観察するなど、いろいろなかたちで、入り込んではいる。そのように、あらゆる角度から人間の生態研究をやっているのだ」と言っていますね。

そして、本物の人間そっくりなものをつくり出すわけです。

**斎藤** ということは、その頭が後ろに長い宇宙人は、自分たちの科学の力で、人間や動物に姿を変えることができるのですか。

**大川隆法**　そうですね。

要するに、うーん、「体の基本的な構造式、遺伝子の構造式を解明し、それに則(のっと)って分子の配列を組み換(か)えれば、そっくりな姿に変わることができるのだ。

遺伝子の配列を組み換えて、別の生き物のようにつくることは、今、簡単にできるんだけれども、あとは、その行動パターン、認識パターン等、ノウハウのところを全部吸収しないといけない。せっかく人間をつくっても、ロボットのように動かれたのでは困るので、そのへんは、いろいろな人種や風俗に合わせる研究をしている。『何歳児だったら、こういう動きをする』とかいうのと、あまり年代がずれた動き方をしてはならないのだが、ときどき、手元が狂うと、やや年齢不相応なことをする人が出てきたりはする」というようなことを言っています。

## 精神のなかに入って「恐怖体験」をさせるテクノロジー

**小林**　「見てはならないものを見てしまった場所」というのは、（モニターのツィオルコフスキー・クレーターを指して）この近辺だったわけでしょうか。

**大川隆法**　見てはならないものを見たのは、この近辺でしょうか。

（約十五秒間の沈黙）

「いや、必ずしもそうではない。地球人が来たときに、わざと、エキシビション（展示会）風に見せたものがあるので、彼らが見たものには、実は、本物ではないもののもあ

ツィオルコフスキー・クレーター周辺を指す質問者

る。転送された映像を見たり、あるいは、精神のなかで疑似体験したりしたものが、そうとうある。

彼らの精神のなかに入り込んでいって、そういうものをいろいろと見せた。われわれの手の一つとして、相手の心のなかへ入っていって、恐怖の映像をいろいろ見せたり、まるで実体験をしたかのように感じさせたりすることで、相手を撃退する方法があるのだ。

われわれも、いろいろな敵を持っているのだが、敵と戦うときに、こちらのほうが技術的に上だった場合には、そういう疑似体験をさせるだけで撃退することができる。それが、平和的に済ませるための方法の一つであり、それをやらないと、実際の戦いが起きることになるのだ。このへんには、テクノロジーの差がすごくあるのだ」
と言っていますね。

## 5　地球の未来と宇宙人の関係

### 「地球をどうするか」の議論は一元的ではない

小林　先ほど、「抑止力（よくしりょく）が働いている」というお話がありましたが、それは、私たちが認識している宇宙連合とか、惑星（わくせい）連合とかいわれているものだと理解してよいのでしょうか。

**大川隆法**　「地球の人口が、今、百億人に向かって増えようとしているが、『どういうふうに最後の決着をつけるか』というところで議論が分かれていて、一元的なものではない。

地球の人たちの考えや、地球を指導している神様たちの考えもあるけれども、宇宙人のなかにも、地球擁護(ようご)的にやっている人たちと、地球人の改造を目指している人たち、あるいは、自分たちの星に近づけたいと思っている人たちなどがいて、いろいろな意見がある。これをどうするかについては、今、ちょうど文明実験期に当たっているのだ」と言っていますね。

「だから、場合によっては、滅(ほろ)ぼすことを考えている者もいることはいる。『過去、六回も滅びているから、七回目も来るだろう。過去に、今のような状態になったときは、いつも滅びているので、また滅びるだろう』と考えている者もいるが、そうならないようにしようとしている者もいる」と言っています。

**松本**　過去に滅んだときにも、その宇宙人が関与(かんよ)していたのでしょうか。

**大川隆法**　うーん、「関与した場合もあるが、やはり自滅(じめつ)した場合も多かったのではないかと思う。核(かく)戦争に似たようなものは、一定のレベルまで理数系の学問が進むと、必ずできるようになるので、それをコントロールする力がなければ、自分たちで殺し合いを始めることはよくある。

　そのときに、自分たちで殺し合って終わりになる場合もあるが、そうなる前に、地球のなかの神様のような人たちが、その文明を滅ぼしてしまうこともある。

　大陸の移動とか沈没（ちんぼつ）とかいうものもあったし、隕石（いんせき）一つをぶつけて潰（つぶ）すという手だって、あることはあって、隕石を吸引して、それをぶつけて滅ぼしてしまうようなケースもあった」と言っています。

## ロシアで隕石を粉砕したのは「地球防衛」の宇宙人

斎藤　先日（二〇一三年二月十五日）、ロシアのウラル地方のチェリャビンスクに隕石が落ちてきて、上空で爆発したということがありました。その隕石は、マッハ五〇のスピードで飛んできたと言われていますが、ああいう自然現象も左右できる力を持っているということでしょうか。

大川隆法　「その程度だったら簡単だ」と言っていますね。

「その程度の大きさのもの、十メートルや数十メートルぐらいの隕石のかけらの軌道を変えたりするのは、簡単なことだ。

ある程度の大きさ、まあ、小惑星規模のものになると、そんなに簡単ではないけれども、今回ぐらいの小さな規模のものだったら、簡単だ。

ただ、地球を滅ぼす規模のもの、要するに、『直径十キロを超えるような大きな隕石を、地球に衝突させるかどうか』というようなことになった場合には、地球防衛をしている人たちとか、それとは別の考えを持っている者とか、いろいろな者たちの意志が働いてくるので、ちょっと分からないところがある」と言っています。

「この前の、ロシアに落ちた隕石に関して、地球でも噂は出ているようだけども、あれは、落下する直前に細かく砕かれているはずで、それをやったのは、われわれではなく、地球防衛……」。

**松本**　惑星連合の人たち。

**大川隆法**　「そうだ。そのなかの人がやっている。あまりの速さに、あなたがたには、おそらく分析できないだろうけれども、剣の『抜き打ち』のような感じで、一瞬で砕いて小さくし、被害を小さくしている。まともに当たっていれば、多くの人が死んでいたはずだ」

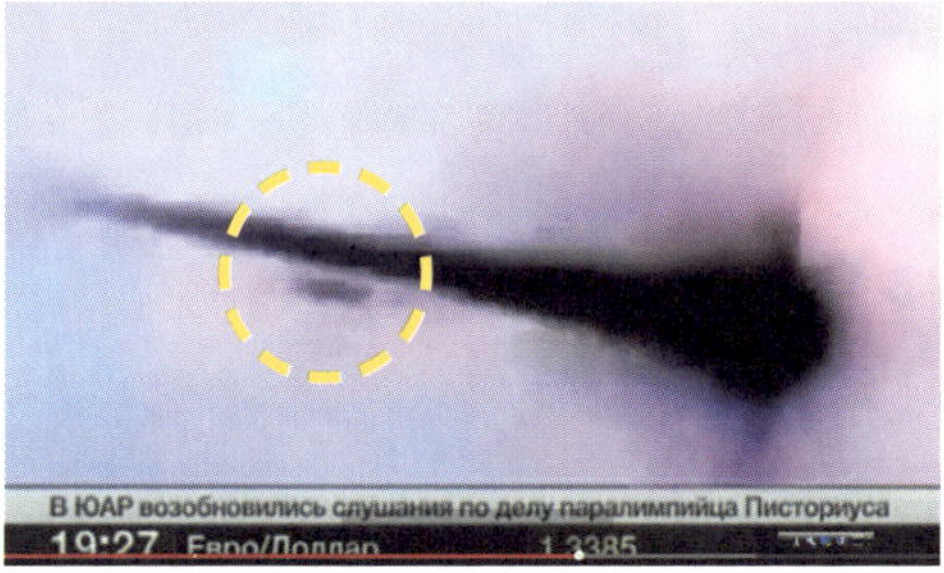


①何か飛行物が隕石に向けてぶつかろうとしている。

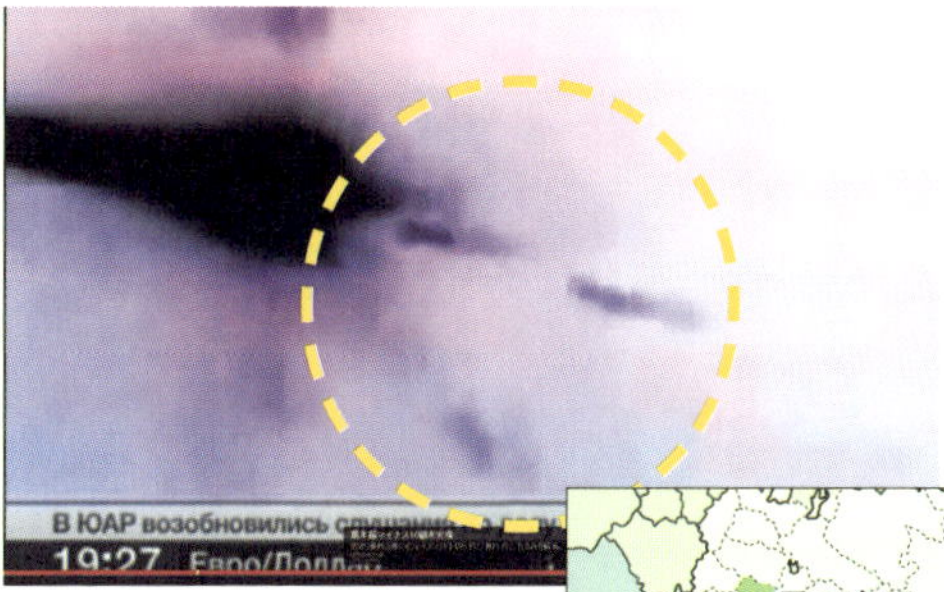


②次の瞬間、隕石が砕け散っている。

左の写真は、チェリャビンスクの上空で爆発し、光を放つ隕石。

謎の爆発を起こしたチェリャビンスクの隕石。2013年2月15日、ロシアのウラル地方のチェリャビンスクに直径17メートルと推定される隕石が落下してきたが、上空で爆発したため、大惨事を免れた（画像はロシア国営テレビで放送されたもの）。上の2枚の写真は、何かが隕石を貫通する様子をとらえたものとされる。

と言っていますね。

**斎藤**　上空十五キロから二十五キロぐらいのところで、何かが隕石を貫通(かんつう)するような動画がサイトにアップされていますが、その何かが貫通したあとに爆発し、粉砕(ふんさい)されています。

この秒速十八キロとか十五キロとかで動いているものに当てるのは、絶対に無理だと言われているので、やはり、あれは、地球を防衛する宇宙人が……。

**大川隆法**　「あれは、地球に住んでいるというか、すでに、地球の防衛任務に就いている宇宙人の仕事だ。『月の宇宙人』というよりは、実際に、地球防衛をやっている宇宙人の仕事だと思う」と言っています。

**斎藤**　ミサイルか何かは分かりませんが、あれは、最先端の科学技術で破壊してくださったのでしょうか。

**大川隆法**　「いや、私たちレプタリアンが、そんなことをするわけはないので、私たちではない者がやったことではあるが、『何をしたか』については、もちろん知っている」と言っています。

## 「隕石を地球に当てるか、そらすか」の攻防戦

**大川隆法**　「だから、そういう小隕石を使って脅すようなことは、いくらでもできるので、それに対してどうするかを研究している人たちはいる。それを使いたい人もいるし、どう防ぐかを研究している人もいるということだ。

地球人のなかにも、国によっては、ほかの国に対して、そういうものを武器代わりに使いたいと思っている国が存在している。要するに、『地上戦力で戦うと不利だし、核戦争でも不利なので、自然

現象にできるだけ近づけて攻撃(こうげき)したい』と思っているところが、軍事組織のなかにはあるようだ。そのへんについては、十分な情報は持ってはいないけれども」ということを言っています。

**小林**　そうすると、この間の小隕石については、打ち砕いたほうもいるわけですが、実は、あれを引っ張ってきて、地球に当てようとした宇宙人もいたわけですか。

**大川隆法**　「そうだ。だから、同じころ、近くを通過した、大きいほうのものを当てようと思えば、当てられないことはなかったのだろうが、それは、そらしたのだと思う」と言っています。

**斎藤**　攻防戦があるのですか。

**大川隆法**　「うん。それは、そらしたのだけども、一部は割られて、地球に向けて飛ばされたんだと思う。けっこう、そういう〝ゲーム〟をやっているのだ」ということです。

**小林**　ある種の宇宙戦争のような感じではあったわけですね。

**大川隆法**　「ゲームのように、お互(たが)いの技術を競(きそ)っているところがあって、あまりに高速度で行われているために、地球人には分からない。まあ、そういう〝楽しみ〟というのがあるのだろう。だから、われわれは、敵のようであって、ライバルでもあるような、微妙(びみょう)な関係なのだ」と言っています。

## ペストやエイズも、宇宙人の「文明実験」だった？

**小林**　これまでの宇宙人リーディングでも、今、おっしゃっていたような、地球人を改造しようとか、地球を自分の星に似せようとか、そういう意図を持った宇宙人がけっこう出てきていました。今のこのタイプもそうだったので、今、地球には、そういう意図を持った宇宙人が複数来ていると理解してよいのでしょうか。

**大川隆法**　「だから、『北風と太陽』みたいな考えで、『太陽政策風に、地球人にいろいろな恵(めぐ)みを与(あた)え、神様のごとく信頼(しんらい)させる』というやり方は、過去、幾(いく)らでもあった。そういう、神様のようになった宇宙人もたくさんいるのだけれども、やはり、『恐怖(きょうふ)で支配する』という宇宙人もいる。

今言った隕石のようなものとか、異常気象とか、あるいは、未知

## 中世ヨーロッパにおけるペストの大流行

14世紀、中央アジアからもたらされたペストは、またたくまにヨーロッパ中へと広がり、全人口の３割もの人々の命を奪ったという。中世末期には、ペストや戦乱の広がりによる社会不安を背景として、「死の舞踏」「死の勝利」といった主題の絵画が数多くつくられた。

ミヒャエル・ヴォルゲムート
「死の舞踏」

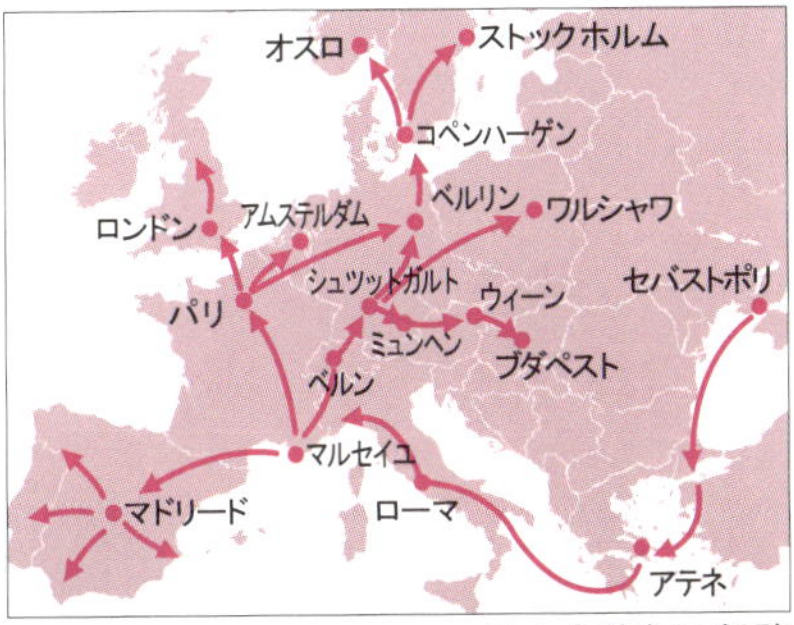


ペスト大流行の経路

パレルモ州立美術館　作者不詳の壁画「死の勝利」

のウイルスが導入されたことによる訳の分からない病気とかで大勢の人が死んでいくという経験を、過去、人類は数多くしているはずだ。こういうものも、かなり、〝文明実験〟としてなされたことがあると考えていいと思う。

人口が激減するような病気が、突如(とつじょ)、流行(はや)ったり、それがまた、克服(こくふく)されたりするだろう?

つまり、それと戦っている勢力があり、それを死滅させようと動いている人たちがいるということだ。

そのように、人類は、全然分からないうちに、死んだり生かされたりしているのだ」と言っていますね。

**小林**　では、中世に流行したペストなどは、そのような病気の一つだったわけですね。

**大川隆法**　「だから、要するに、『地球に、まだ免疫(めんえき)のない、殺傷(さっしょう)能力のあるウイルスを放(はな)ったら、どうなるか』というのを、やはり実験してみたい人はいるわけだ」と言っています。

**斎藤**　エイズはどうなのでしょうか。

**大川隆法**　「エイズも、たぶんそうだと思う。たいへん申し訳ないが、地球人の存続をかけて、宇宙人同士でポーカーでもやっているような感じで、『エイズウイルスを放ったら、地球人はどうなるか。死滅するか、それを乗り越えるか』を見ているようなところがあるのだ」と言っています。

「それを止めることはできるのだけど、例えば、（地球人が）自分たちのルールや医療によって乗り越えていくか、それとも死に絶えていくか。あるいは、一定の数の人が死んだら、そこで止めるように、（他の宇宙人が）何か（抑止を）かけてくるか。そのへんのところを見ている。

その意味で、宇宙人が全部、地球人を愛していると考えるのは間違いだし、全部、攻撃的だと考えるのも間違いであって、やはり『実験場』として地球は見られているのだ。

だから、地球系の魂が、地球人の人体に宿って人生修行をしているように、宇宙人も、地球というものを一つの実験場として見て、いろいろな『文明実験』をしているのだということは知っておいたほうがいい」と言っています。

「でも、ルールは一つで、『はっきりと、宇宙人の仕業とは分からないようにする』というルールだけがある。守るほうも攻めるほうも、そういうルールの下にやっていて、『はっきりと手の内が見えないように、やらねばならない』ということだけは決まっているのだ。だから、私たちは、敵対しているようであって、必ずしも敵対しているわけではなく、地球で言えば、『アメリカ 対 中国』みたいなもので、貿易もしているけれども、仮想敵でもあるような、そのような関係なのだ」と言っていますね。

## ユダヤ人は「宇宙人の実験用民族」なのか

**松本** 今、語っておられる方は、アメリカや中国に入っているレプタリアンとは「別の種類」と考えてよいのでしょうか。

**大川隆法**　ええ、あなたは、どこの国といちばん関係がありますか。関係はないですか。どうですか。

（約五秒間の沈黙）

「自分は……。（約十秒間の沈黙）今、自分は、イランとイスラエルがどうなるかのところに関心を持っている者である。あれも、二派に分かれて、ついている者がいて、どちらが勝つか、見ている。

自分は、イラン側のほうに入って、やっているグループなんだ。

今、イラン側のほうで、やってやろうと思っているグループなんだが、イスラエル側のほうにも、昔から、宇宙人はそうとう入っている。歴史的には、いろいろなところとのつながりが多くて、そう簡単ではないのだ」と言っていますね。

そして、「ユダヤ人というのは、歴史的に、宇宙人の宝庫であり、宇宙人の〝実験用民族〟なのだ」と言っています。

**斎藤**　ええ？　ユダヤ人は宇宙人の〝実験用民族〟なのですか。

**大川隆法**　「うん。〝実験用民族〟なので、すごく入りやすいところなのだ」と……。

**斎藤**　ノーベル賞受賞者がたくさん出ていますからね。

**大川隆法**　「信仰深くて、理数系の能力が高くて、さらに、金銭欲が非常に強いので、この世での力をすごく持ちやすいタイプなのだ」と言っています。

**小林**　誰か、ご存じのユダヤ人の方はいらっしゃいますか。

大川隆法　うん？

小林　ユダヤ人のなかで、ずばり宇宙人だという方はいますか。

大川隆法　「今、月面を走っている者には、ちょっと……。それはまた、立場を変えたときに答えたいと思う。今は、そういう立場にはないし、まあ、そんなにずっと偉い者ではない。責任者として、自分はどのくらいかというと、軍隊で言えば、少佐レベルぐらいの者なので、そんなに高いところまでは分からない」と言っています。

## レプタリアンの「外見（がいけん）」を詳細（しょうさい）に描写（びょうしゃ）する

**松本**　すみません。「見た目」のところを、もう少しだけ……。

**大川隆法**　ああ。見た目ですか。

**松本**　はい。

**大川隆法**　では、すみません。昼間から、たいへん申し訳ないのですが、〝ストリップ〟を見たいという人がいらっしゃるので……。

**松本**　申し訳ありません（苦笑）。

**大川隆法**　では、〝外見（がいけん）〟を外して、なるべく生々（なまなま）しいのを、できるだけリアルにお願いしたいと思います。

どのようなお姿をなされているのでしょうか。

（約五秒間の沈黙）

うーん。立つと三メートルぐらいですね。それから、口は少し前に突き出ていて、開けると、ピラニア型の、かなり、ごっつい歯が出ているので、そうとうのものが食べられることを意味していると思われます。

顔は、どんなふうに視えるでしょうか。口は出ているのですが、何と表現すればいいでしょうね？　これを表現させてください。何と表現すれば、いちばん近いでしょうか。

うーん。まあ、タツノオトシゴの顔のような感じに視えますね。

まだ、コスチュームを着ているので、これを脱がさなければいけません。

すみません、脱いでくれませんでしょうか。どんな感じですかね。

ええと、まず、手ですが、爪は、ある程度、出すことも、引っ込めることもできるようにはなっています。

まあ、〝ウルヴァリン〟のような、あんなものではありませんけれども、少し出すことと引っ込めることぐらいは、自覚的にできるようです。何かと強烈に戦ったりするようなときには出せるようですが、普段は、引っ込めています。

**松本**　指は何本でしょうか。

**大川隆法**　指は何本あるのですか。
指は四本……。

**松本・斎藤**　四本？

**大川隆法**　うん。「指は四本」と言っています。
手には四本……。

**松本**　え？

**大川隆法**　いや、え？　え？

一、二……、一、二……、いや、手は三本かな？　いや、一、二、三……、一、二……、あれ？　親指があるのか、ないのか、ちょっとよく分からない。

どうやら、親指が生えるときと、生えないときがあるようです。

**斎藤**　ああ、なるほど。

**大川隆法**　三本の場合もあるけれども、グリップを利かさなければいけないときには、親指が生えてきて、四本になるようですね。

フェルミ・クレーター付近で〝捕獲〟したレプタリアン

三本でもいいのですが、必要なときには、四本にもなります。

**水棲動物系出身で、「水かき」を持つ者もいる**

**斎藤**　外見の、肌はどうでしょうか。鱗状だったりガサガサしたりしている感じでしょうか。爬虫類系なのでしょうか。

（約五秒間の沈黙）

**大川隆法**　うーん。まあ、具体的に言うと、ガラパゴス諸島で見るものによく似た皮膚で、感覚は、あれによく似たもののようではありますね。

やはり、レプタリアンとおぼしき外見をしています。

二本の足で立つことはできるようですが、足には、指がはっきりしているものと、指がはっきりしていないものがあります。指がはっきりしていないものには、なぜか、水かき状のものが付いているものも、一部、ありますね。

**松本**　では、水陸両用？

**大川隆法**　どうも、水棲（すいせい）動物系出身の者と、そうでない者がいるようです。足の指は、まあ、これも同じように、三本指の場合もあるのですけれども、必要に応じて、五本までは増やすことができるようになっているようで、水の多い惑星などへ行く場合には、その水かき状のものが多く出てくるようになっていますが、月などでは、水がないので、そんなに発達はしておらず、縮（ちぢ）んでいて、ちょっとした皮膚の垂（た）れ具合のような感じになっていますね。

## 環境に応じて「卵生」と「胎生」を使い分けられる

**斎藤**　男女の性別はあるのでしょうか。

**大川隆法**　男女の性別があるのかというと……。

ああ、「それがないと、人生の楽しみがないじゃないか」と言っていますね。

**斎藤**　なるほど。

**大川隆法**　男女の性別は、どこで見分けるのでしょうか。教えてください。どういうふうに……。

ああ、でも、「人間みたいな手のかかる〝あれ〟は、私どもは、もう卒業しているんだ」ということを言っています。

まあ、この人の場合なのかもしれませんが、「意外に、われわれの場合は、地球で言うと、胎生(たいせい)というのか、卵生(らんせい)というのか、少し微妙なあたりなんだけれども、環境(かんきょう)に応じて、卵型(たまごがた)で産む場合と、胎児を産むように、お腹(なか)から産む場合と、両方ありえる」と言っています。

**斎藤**　使い分けられる？

**大川隆法**　「ああ。機能を変えることができて、月みたいな所だと、卵型のほうが有利なので、そういう、〝胎児室〟というか、赤ちゃんを産むところとして、まあ、言わば、洞穴（ほらあな）というか、ドームのようなものをつくる。そこに卵みたいに、いっぱい立っていて、だんだん、そのなかが成熟していくわけだ。人工的に光を当てたりして、成長させていき、卵が割れて孵化（ふか）してくるというようなかたちが、月みたいな所だと多い。だけど、地球みたいに、水が多いような所だと、必ずしも、そういうふうな生まれ方をする必要はないね」と言っています。

## 「地球の言語のルーツ」は宇宙にある？

**斎藤**　言語に関して質問します。会話をするなり、テレパシーのような想念通信をするなり、科学技術を使って携帯電話のようなもので話すなり、いろいろな方法があると思うのですが、どのようにコミュニケーションをとるのでしょうか。

**大川隆法**　「地球にも、おそらく、数百語以上もの言語があるだろうし、もう死滅した言語もあるとは思うけれども、それぞれのルーツは、けっこう宇宙にあるものが多いことは多い。

ルーツとしては、宇宙言語がけっこうあるのではないか」ということを言っていますね。

「東洋系と西洋系でも、ずいぶんあるし、あとは、黒色人種、黄色人種、白色人種、それから、今は生きていないけれども、赤色人種もいたことはいたんだ。

それらには、言語形態として、もとは違うものが入ってはいる。宇宙から来た者の、いろいろな言語が入ってはいるんだ」と言っています。

**月面では地球の宇宙服を進化させたコスチュームを着用**

**松本**　月面でのコスチュームは、どんなかたちのものでしょうか。

**大川隆法**　「いちおう、地球の宇宙服を進化させて、もう少し実用化というか、日用化したものだ」とは言っていますね。

**松本**　先ほどの惑星連合の方のような……。

**大川隆法**　「それほどのものは要(い)らない。彼ら、〝ヤギ〟は、柔(やわ)なので、もう少し体を守らなければいけないとは思うが、自分たちのほうは、それほど守らなくてもいける。ただ、ケガをすることがないわけではないので、多少、身を包むものはつくることが多い」と言っていますね。

**松本**　ただ、空気が必要だから、ヘルメットのようなものをかぶっておられるのですか。

**大川隆法**　うーん……、先ほどは、きちんと、フードをかぶっていましたね。

**松本**　フード？

**大川隆法**　うん。（右手を頭の上からあごの下まで動かしながら）ガラス様に見えるフードをかぶっていました。

**松本**　なるほど。

## 幸福の科学の総合本部をモニタリングしている黒ヤギ型の宇宙人

**小林**　先ほどの、〝黒ヤギさん〟に、もう少しだけ質問をしたいのですが……。

**大川隆法**　はい、分かりました。

**小林**　どうもありがとうございます。

**大川隆法**　先ほどの〝黒ヤギさん〟のほうに戻してください。（約五秒間の沈黙）はい。ああ、今は、もう休憩に入っていますね（会場笑）。ラウンジに入っています。

**松本**　ラウンジがあるのですか。

**大川隆法**　ラウンジがあるようです。ラウンジのなかへ入って、何かスクリーンを見ています。スクリーンがあります。スクリーンで、何を観ているのかというと……、ああ、スクリーンには、当会の総

ラウンジで、幸福の科学の総合本部内が映し出
されたスクリーンを見ている黒ヤギ型宇宙人

合本部のなかが映っています。

**斎藤・松本**　ええ!?

**大川隆法**　こちらを見ているのですね。

**斎藤**　モニターされているのですか。

**大川隆法**　ええ、モニターされています。

**斎藤**　あらっ！

**大川隆法**　ああ、見ているんですね。「地球人を見るのは楽しい」と言っています。「面白(おもしろ)い」と……。

**松本**　どんな方々が見ているのでしょうか。ほかにも、いろいろな種類の方々がいるのでしょうか。

**大川隆法**　うーん、「ほかのところにも、テレビみたいなものがあるから、見たければ見れます。ただ、いちおう、自分はガイド役なんです」と言っています。

**松本**　ああ。

**大川隆法**　「ガイド役の立場にいるので、まあ、こういうことは、めったにないのだけれども、たまに、使節が訪問してくることがあるので、そんなときに、お相手するのが、私の仕事なんです」ということを言っていますね。

〔以下、収録内容を一部省略〕

## 6「モスクワの海」周辺に地下都市を発見

### 「モスクワの海」周辺を遠隔透視（えんかくとうし）する

**小林**　もう二度とない機会だと思いますので、さらに、透視（とうし）場所を変えて質問させていただきたいのですがよろしいでしょうか。

**大川隆法**　ああ、はい。

**小林**　（会場モニターの画像を指しながら）こちらに、「モスクワの海」があります。

これは、盆地なのですけれども、おそらく、なかというよりは、この周囲の可能性が高いのですが……。

**大川隆法**　何と言うのですか。

**小林**　マーレ・モスコヴィエンス（Mare Moscoviense）です。

上の白点線部分を拡大したもの

**大川隆法**　これは、ロシア語なのですか。

**小林**　いえ。ラテン語のようです。

**大川隆法**　マーレ・モスコヴィエンス……。周囲ですね？

**小林**　はい。周りです。〃海岸

モニター画面に右手をかざし、「モスクワの海」を遠隔透視する

沿い〟といいますか……。

**大川隆法**　ああ。

**小林**　（会場モニターに映る「モスクワの海」の周りを指しながら）こういった辺りです。

**大川隆法**　そんな感じなわけですね。

（モニター画面に右手をかざしな

がら）ここは、どうなんでしょうか。

（反時計回りに腕を回しながら、約二十秒間の沈黙）

今、私には、キリンのような頭が視えてきています。キリンのような生き物が視えてき始めました。う－ん、頭にコブが突き出したようなものが二つ視えて、耳があります。そういうキリンに似た顔をした生き物です。最近、出てきた宇宙人に近いものかもしれませんが（注。二〇一三年二月二十日収録の「宇宙人リーディング―キリン型・宇宙のＣＩＡ」参照）、それが視えています。

ほかには、どうでしょうか。もう少し接近してみます。何か構造物がないかどうか。

（約五秒間の沈黙）うーん、切り立った崖（がけ）がありますね。切り立った崖が、ずっとあります。

その奥側（おくがわ）で……、うん？　うーん、あれ？　地下都市がありますね。

**斎藤**　地下都市？　やったあ、ありました！

**大川隆法**　うん。地下都市があります。外ではなく、地下に都市がある。都市をつくっていますね。地下アーケードみたいな感じの地下都市です。地下都市がグルッとありますね。かなりあるようです。

## 「地下の農園」でベジタリアンの宇宙人がつくっているもの

**大川隆法**　あらあ！　ここには、ベジタリアンの宇宙人が、かなりいるのではないでしょうか。

植物というか、うーん、農作物に近いものが、そうとう見受けられます。

**小林**　実は、緑の〝あれ〟になっているということですか。

**大川隆法**　そうですね。地下で、人工照明を使って、農作物に近いものを、そうとうつくっているように視えます。ベジタリアン系の宇宙人がいるのではないでしょうか。おそらく、そうですね。

うーん、地球とまったく一緒とは言えないけれども、やや似たものはあるように視えます。

例えば、椰子の木に近いものはあります。

**斎藤**　ああ。

**大川隆法**　これは、（地球のものに）似ています。それから、バナナのようなものもありますね。バナナの木のようなものもあるし、トマトのようなものも視えます。

それから、パイナップルみたいなものが生(な)っているのも視えますね。

さらに、うーん、これは、何だかよく分からないけれども、サラダなどに出てくるような葉っぱによく似た……、何でしょうかね。うーん、パスタの前菜などに付いているような、葉っぱによく似た感じの形や柔(やわ)らかさの、そういう植物も、よく茂(しげ)っていますね。

これは、おそらく、地下の農園ですが、さらに底の人工の土のような……、いや、人工土ではないですね。土は使っていません。これは、水耕栽培（すいこうさいばい）です。水耕栽培みたいなもので、土はなく、栄養素を含（ふく）んだ水で栽培されています。サツマイモやジャガイモに当たるものが、土のない状態で人工栽培されていますね。

つまり、まあ、（側にある水の入った円筒形（えんとうけい）のカップを指して）こういうカップのような形で、穴がたくさん開（あ）いたものが、一面に、たくさん、ずっと続いていて、そこに、栄養素が入った水が流されています。そこで水耕栽培風に、サツマイモやジャガイモのようなものが、土のない状態で栽培されていますね。

一部、トマトもありますけれども、本来、土のなかでできるようなものが、そこでつくられています。まあ、外が岩石だから、そんなに、よくないのでしょうか。そういうかたちのものも視えます。

**豆類や芋(いも)類を加工してパンをつくっている**

**大川隆法**　ということは、主食に近いものもあるかもしれません。もう少し視てみます。

（約五秒間の沈黙）

ああ、先ほどのガイドさん（黒ヤギ型の宇宙人）が来ましたが、「本当は、米や麦に当たるものもつくりたいのだけれども、あれは、面倒（めんどう）くさいんです。あれもいいんだけれども、人間みたいな人でないと、ああいうものは、とてもつくれないので、残念ながら、ずばり、米や麦は、月ではつくれていません。つくって、穫（と）り入れをするのに、少し、手がかかりすぎるんです」と言っています（笑）。

**松本**　ああ。

**大川隆法**　「われわれのなかには、農民がいないために、そういうものは、どうも、つくれないのです。ただ、代用品として、豆類のようなものでしたら、かなり人工栽培ができるので、豆類を加工して、いわゆる、パンなどの原材料に使っていることが多いですね。

豆類や、先ほどの芋類などを使って、パンみたいなものをつくっています。ヤギ星人のような人たちは、けっこう、そんなものも食べています。あとは、野菜などを食べています」ということですね。

## 食用動物に「知能教育」を受けさせる理由

**大川隆法**　さらに、ずっと先へ行きます。やはり、これだけ野菜が穫れる以上、家畜（かちく）に近いようなものの養殖（ようしょく）も、一部なされていますね。

一部、ファーミング（農業）をやっています。

**斎藤**　どんな動物がいるのでしょうか。

**大川隆法**　うーん。そうですね、私の目に、今、視えているのは、うーん、イノシシを小さくしたようなものに、リスを掛(か)け合わせたような生き物です。それが視えます。

**斎藤**　イノシシリスですか。

**大川隆法**　うーん、リスイノシシみたいなものが視えますね。

**斎藤**　リスイノシシ(笑)。

**大川隆法**　主食は、木の実とか、豆類とか、芋類とか、そんなものだろうと思いますけれども、タンパク源としては、このイノシシとリスを合わせたような、怪しげな……、まあ、カピバラとは違うと思うのですけれどもね。何かそのようなもので、サイズ的に見ると、うーん、手ごろなサイズは、四、五十センチぐらいのものでしょうか。まあ、子豚ぐらいのものでしょうかね。ペットで飼える豚ぐらいの大きさのものかと思われますが。そのようなものを飼っているのが視えます。

でも、強制的に飼われているというよりは、機嫌よく生きているようには見えますすね。

人工の保育園みたいなものがあって（笑）、動物だけれども、三歳児ぐらいまでの知能教育は受けているような感じです。三歳児か、もう少し上ぐらいでしょうか。

とにかく、動物だけれども、幼稚園ぐらいの、ちょっとした知能訓練は受けています。

なぜかと言うと、それが肉として食べられるわけですが、「不幸な生き物の肉を食べると不幸になる」という考え方があるからです。「ただ単に、餌をもらって養殖され、悲しみのなかに殺されて死んでいったものの死肉を食べるということは、自分たちの霊的な発達にはつながらないので、ハッピーに生きたものの肉を食べたい」

という考えのようですね。

そういう意味で、保育園ないし、幼稚園に一部入ったぐらいのレベルまで、いろいろな〝幼児教育〟をし、まあ、遊ぶ係もいたりして、彼らをハッピーに成長させ、脳みそも少し鍛えた上で、あるとき、平和裡に亡くなるようにしているようです。

「平和裡に亡くなる」というのは、「残酷な殺し方はしない」ということで、人類型、あるいは、普通の宇宙人にとっては有害ではないけれども、彼らにとっては、寿命が終わるようなものがあるわけですね。要するに、摂取しても、こちらには影響がないけれども、そういう者たちにとっては、「この世の終わり」になるような薬剤で、苦しみなく、終わりを遂げる。仲間から見れば、「大往生を遂げた」と思うような亡くなり方をするのですね。

こういうものも、一部、飼っているので、こういうものを食べる者もいるのだということでしょう。

## 7　宇宙航行(こうこう)に必要な「多次元宇宙の知識と悟(さと)り」

### 「悟(さと)り」とは宇宙航行(こうこう)のための「科学」でもある

**斎藤**　今のお話では、「霊的(れいてき)な進化」というものを、とても重要視しており、「不幸な生き物の死肉を食べない」ということでした。

**大川隆法**　ええ。

**斎藤**　つまり、科学も発達していますが、霊的にも、そうとうな進化の観点を持っているのではないかと思います。そういう宇宙人から見て、霊的な世界は、いったい、どのように見えるのか。「神様を信じる」ということは、いったい、どういうことなのか。いったい、どんな感情を持たれているのか。お訊きしたいと思います。

**大川隆法**　このヤギさんは、〝そこそこ偉い〟と思うので、もう少し訊いてみましょう。

霊的だということは、どういうことなのですか。

（約五秒間の沈黙）

うーん……。「われらは、二つの世界を行き来している」。

**斎藤**　二つの世界？

**大川隆法**　「宇宙を航行するということには、必ず、霊的な悟りが必要なんだ」と言っています。「（宇宙航行には）三次元以外の多次元宇宙についての知識と悟りは、必ず必要なもので、これが分からなくてはできません。

多次元を航行するための教育というのはあるのだけれども、その多次元を航行する教育のなかには、あなたがたが、今、ちょうど、『太陽の法』（幸福の科学出版刊）以下で教わっているようなことと関係のある部分があるんです。

『もともと、神が念（おも）いによって世界をつくられた』という考え方や、『光が粒子（りゅうし）化してきて、物質化現象を起こし、ものがつくられた』という原理も教えているし、多次元構造は現実にあって、三次元においては、宇宙を移動するときに、何十年とか何百年とか、あるいは、それ以上かかることになっているけれども、上の次元を通るにつれて、時間を短縮することが可能になるということも教えています。

それは、あなたがたが宗教において、『悟り』と言っているようなものだけれども、われわれにとっては、それは悟りではなくて、『科学』なんです。あなたがたにとっては、いわゆる、仏教的な意味で、『悟りを高める』ということになるのかもしれないけれども、われわれにとっては『科学』であって、そうした、多次元の秘密に精通して、心を、その多次元の波長レベルに合わせることができれば、その次元を航行する資格を得ることになるわけです」と言っています。

## 唯物思考では、「光速」を超えることはできない

**大川隆法**　また、「宇宙船も要るけれども、結局、この多次元宇宙を航行する際には、運転している人たち、乗っている人たちが、こうした三次元的な物質……、要するに、あなたがたが、今、戦っているマテリアリズム、唯物論というものがあると思うけれども、唯物思考でもっては、光速を超えることは、どうしてもできません。

これを捨てないかぎり、つまり、『唯物論の世界がすべてだ』と、本当に思っている場合は、光速を超えることはできないので、実は、

光速を超えるために、科学のほうが、悟りの世界のなかに入ってくるのです。

多次元の世界を認め、神の光による物質化や、それぞれの世界の構造というものを認めて、乗組員たちが、心の調和やコントロールが意図的にできるようになってきたときに、宇宙船も操縦できるようになってくるので、『どのくらいの距離のところまで移動できるようになるか』というのには、そうした、メンタルな力が、そうとう影響します」と言っています。

「実は、航行期間中は、肉体も宇宙船も、実は、フォトン（光子）のレベルまで分解されているので、光の粒子にしかすぎません。

ただ、光の粒子だけれども、一定の『意志』、『念』でもって、元の原形を記憶しており、いったん分解したものに再統合をかけるわけで、その意味についての悟りを持っていないかぎり、それはできないんです」ということを言っているようです。

ああ、だから、そういう力が必要なので、やはり、教育も要るのでしょうし、機械といえども光に分解されていくわけですから、これは、「科学」と「宗教」が、同時に進歩しないかぎりは、実は、そこまで行かないものだということなのでしょう。

だから、「あなたがたから見れば、『凶暴な宇宙人にまで、そんなことができる』というのが、とても不思議でしょう。ただ、彼らの先祖に当たる人たちが、そういうところまで、いちおうは行ったけれども、『そのあと、思想において〝分かれ〟があった』と考えたらいいのだと思います。思想的に分かれ道があり、言わば、『草食系の思想』と『肉食系の思想』が、分かれて存在しているだけなんです。

『草食系の思想』というのは、基本的に、『相手が嫌がるようなことはしない』という思想で、『肉食系の思想』というのは、優勝劣敗を基本にした思想であって、『劣っているものを犠牲にしてでも、優れたものを推し進めるほうがいいのだ』という思想です。

実は、地球には、この両方の思想があって、その意味での文明の実験場として使われているわけです」と言っていますね。

「宇宙航行の原理として、悟りは絶対に必要です。これが理解できなければ無理です」ということを言っています。

## 時間を操作するための「方程式」がある

**大川隆法**　「さらに、悟りが進めば、時間のコントロールまででき、次は、時間の壁を超えられるところまで行きます。先ほどの話は、『距離を縮める』という意味での宇宙航行についてですけれども、時間を操作する方程式も、ちゃんとあるんです。

それが使えたら、時間と空間の座標を決めることで、わりあい簡単に、ある時代の、ある地域に出現することが可能になります。

われわれは、生きているけれども、実は、過去・現在・未来というのは、あなたがたにとっては『ある』のだろうが、われわれにとっては、『ある』ようで『ない』もので、実は、いつの時代にでも、どの地域にでも現れることはできるんです。

今、自分たちは、二十一世紀の月という所をベースにして、『地球を観察する』という役割をもらっているから、こういう立場にいるだけで、われわれとしても、この教育が、ある程度、飽きてきたら、別な所に〝次元転送〟されて、生活することはできるんです。

『魂の製造は、どういうふうになっているか』というようなことは、非常に難しいことではあるけれども、『根本的な、宇宙の中心のエネルギーとは何か』を知ることが、宇宙人として、スペース・ピープルとして生きていくための根本的な悟りに当たるわけで、それを『神』と呼ぼうと、『仏』と呼ぼうと、『造物主』と呼ぼうと、何と呼ぼうと構わないのですが、『宇宙には、宇宙をあらしめているエネルギーが存在している』ということを信じていなくては、やはり、宇宙航行はできません。

だから、レプタリアンといえども、実は、あなたがたが考えているような、凶悪な犯罪人というわけではありません。肉食で、『血の滴るようなステーキが好きだ』という、まあ、好みの問題であって（笑）、そういうことは、ある程度、分かってはいます。

地球人は、まだ、動物とスペース・ピープルの中間ぐらいのところに存在しているけれども、今、スペース・ピープルのなかへ入ってこようとしているところなんです」ということを言っていますね。

# 8　月と地球の「過去」と「未来」

## 月の内部は空洞ではない

**斎藤**　月については、科学の限界で、どうしても分からないことがあります。

「月の内部は空洞だ」というような説があり、「月震」といって、人工地震実験を行って月の震動を調べてみたところ、地震計がキャッチした衝撃は、五十五分間も続いたそうです。「マントルと核があれば、揺れがもっと早く収まるのに、五十五分も震動し続けているから、月は釣り鐘のように空洞ではないか」というふうにも言われているのですが、まだ、科学では解明できずにおります。

今、「地下都市をつくっている」という話も聴いたので、もしかしたら、月は、蟻の巣のように掘り込まれてしまっている天体かもしれないという気もするのですが、いかがでしょうか。

**大川隆法**　「いや、そんなことはありません」。

**斎藤**　それは、ないですか。

**大川隆法**　「多少、構成物は違うのですけれども、いちおう、地球と似た材質のもので出来上がってはいるんです。

月には、大気がほとんどないので、月は、長らく、いろいろな隕石の直撃をたくさん受けてきています。地球だったら壊滅しているような、大きな隕石の直撃を、たくさん受けているのですが、いまだに存在しているということは、中身があるということです」と言っていますね。

## 地球に伝わる「月に関する神話」のルーツとは

**斎藤**　日本神話には、月読命（つくよみのみこと）という……。

**大川隆法**　月読命（笑）。

**斎藤**　ええ、「宇宙航行が自由自在にでき、過去の時代に行くこともできる」とのことでしたので、例えば、「月の女神（めがみ）のアルテミス」など、月に関係する伝説はいろいろあるのですが、ヤギ型宇宙人の優秀な力で、人類を指導したような功績というか、痕跡のようなものが、人類史のなかにないのでしょうか。

**大川隆法**　「ああ、それは、日本もそうですし、外国にもあるかもしれませんが、神話に遺っているもののなかで月に関係しているものは、おそらく、『月から来た』と称する宇宙人がもとになっていることが、ほとんどだろうと思いますね。日本の神話にもあるでしょうけれども、おそらく、世界中に、『月の神』も、『太陽の神』も、おそらく存在すると思います。

それから、金星などのほかの星の神も、ずいぶんいると思いますが、『月から来た』と称した者は、過去、たくさんいるので、そういう人たちが、人類に、何らかの科学的技術を与えた場合や、あるいは、何らかの啓蒙的な指導をなした場合に、神と呼ばれたことがあったわけですね。

もちろん、それは、地球の神がいることを否定しているわけではありませんけれども、どうしても、文化レベルというか、文明のレベルが違えば、そういうふうに見えます。

さらに、UFOで来る者も、雲に乗って来るようにおそらく見えるでしょうね」と言っています。

（右）日本最古の物語と言われる「竹取物語」。竹から生まれたかぐや姫は美しく成長したが、月の出身であることを明かし、満月の夜、月の世界へと帰っていった。（左）竹の中で光り輝いていたかぐや姫の身長は３寸（約９センチ）とされているが、実際に世界各地で、小人型宇宙人が発見されたとの報告が相次いでいる。

**斎藤**　『不滅の法』（幸福の科学出版刊）で、大川隆法総裁は、『竹取物語』について、「宇宙人伝説に見えてしかたがありません」「小さなかぐや姫が、やがて地球人の大人のサイズになったということも、月の宇宙人であればありえる」と書かれていますが……。

大川隆法　「まあ、それはそうでしょうね。そういう伝承がもとになっていると思います。

地球で、急に巨大化する宇宙人というのもいることはいます。『もと生きていたサイズ』というのはあるのですが、そのへんの計画は、かなり自由自在にできますし、持ち運びの簡単さから、サイズを変える場合もありますね。

今は、どちらかというと、食料が、昔に比べて、全体に小ぶりになっているので、生き物も、小さい生き物が多くなっています。

昔は、人類型も、動物群も、もっと大きなタイプの生き物が多かったのですが、そういう時代と、今とでは、少し違っていると思います。このへんは、時代性で、幾(いく)らでもできるわけですね。

まあ、われわれも、こんな、月みたいな退屈(たいくつ)なところに住んでいるのは、大変なことではあるのだけれども、月の裏側から地球をモニタリングして見ているということは、ある意味での神の代理人だと思ってくださってても結構かもしれませんね」というようなことを言っています。

## 「月での交流」を提案する黒ヤギ型の宇宙人

**斎藤**　神の代理人の高度な視点から見て、「人類の課題として、次は、月の何を研究すべきか」につきまして、ヒントを賜れれば幸いに存じます。

**大川隆法**　「うーん。まず、地球で宇宙人と交流すると危険度があると思うので、月で交流したらいいと思うんですよ」。

**斎藤**　月で交流？

**大川隆法**　「ええ、第一には、月にて交流するのが、いちばん平和的です。殺されるにしても、行った人しか殺されませんのでいいと思いますね。事故ということで処理できますので。

まず、月で、人類が、ある程度、生存できるような基地をつくって、それから、いちおう、月に限定して、宇宙人との交流をして、文化形式や生存形式、いろいろな条約等が締結されてから、地球での交流をする。

それから、少し高いかもしれないけれども、地球から月に旅行して帰れるような感じになって、宇宙人を実際に見たり、宇宙人と話したりした人が、ある程度、増えた段階で、具体的に、地球でも接触できるような感じにしたほうがいいと思います。

ただ、今、地球で、宇宙人が、完全に自由に歩けて、活動できるようにするということには、危険度を伴うことがあると思うのです。誤解も生じるし、重力の強い地球で生きている地球人の腕力は、すごく強いので、『軽く挨拶したつもりでいたところが、相手の首が飛んでしまった』というようなことだってありえます。このへんの文化ギャップを、ある程度、勉強していただかないと、交際は難しいと思いますね。

地球に来ている宇宙人が、非常に臆病に見えるのは、もちろん、『介入したということが、はっきりと分からないほうがいい』ということもあるのですが、もう一つは、まあ、人にもよるのですけれども、どちらかというと、地球人の腕力のほうが強いからです。つまり、握手(あくしゅ)などをされると、手がボロボロになったりすることも、場合によってはあるんです。

まあ、レプタリアン系のほうは、そういうのにも耐(た)えられるようになっているから、意外に手強(てごわ)いのですけれども、われわれの場合は、普通(ふつう)に接されると、『この世の終わり』になることもけっこうあるので、このへんが分かるまで、月に交流基地をつくるべきだと思います。

月で生活できるような場所をつくって、まずは、宇宙との交流をここで図(はか)ったほうが、私はいいと思います」と。

松本　分かりました。

では、大川隆法総裁、どうぞ、地球のほうに戻ってきていただけますでしょうか。お願いいたします。

大川隆法　はい。

（瞑目の状態で、約二十秒間の沈黙）フウッ……（瞑目が解ける）。

松本　お帰りなさいませ。

大川隆法　ああ……。

月の裏側の遠隔透視を終える

**松本**　どうもありがとうございました。

**大川隆法**　フーッ（深く息をつく）。

## 9 ダークサイド・ムーンの遠隔透視を終えて

**大川隆法** うーん、まあ、難しい世界ですね。もう、私は、そろそろ卒業したいなあ（笑）。

なんか、次の宗教にお任せしたい感じがします（笑）。幸福の科学では、もうこのへんにして……、次の代で、〝宇宙教〟か何かをおつくりくださったほうがいいかもしれませんね。

人類の常識としているものは、全部、崩れていきそうな感じがします。学校教育が虚しくなっていきそうですね。こうしたことを常識に入れてきたら、勝てるかどうか分かりません。うーん、われわれは、過渡期ですね。

でも、宇宙に出始めているから、かなり接近してきてはいると思います。

面白いですね。地球だけではなく、いろいろな者が、「実験場」として使っているということですね。うーん。そうかあ。

でも、隠れたりする傾向は、みんな、あるのですね。隠れたり、隠したりする傾向があるし、ＵＦＯも、いつも高いところにいて、つかまらないし、ミサイルも当たらない。いつもジェット機が撃ち落とせないあたりにいて、見つかったらパッといなくなるのです。あのあたりは、何とも言えません。あれは何なのでしょうか。当会の行事のときにも、ＵＦＯがよく出てくるのですが、〝挨拶〟をしてはいるのでしょう。

**松本**　サインを送っていますよね。

**大川隆法**　サインを送っています。ただ、受け入れ体制がなく、外交手段もないということでしょう。

まあ、出てきても、「耐えられない」ということでしょうか。「今日は、どこそこ星から来られた方のスピーチがあります」というような感じは耐えられないということでしょう。

日本から海外へ出るだけでも、けっこう、カルチャーショックが大きいですが、宇宙とのショックは、もう一段大きいわけです。

今のような、「すごいロケットで行かなければいけない」という感じから、民間人が、特殊（とくしゅ）な訓練を受けなくても手軽に行けるところまで行かないと、やはり、近づかないのでしょう。

ちなみに、二億円ぐらい出せば、〝宇宙旅行〟のチケットは買えるようです。ただし、実際に乗れるかどうかは知りません。

やはり、もう一段の科学技術の進歩が要（い）ります。理数系は、もう一段、頑張らないといけません。宗教学だけだと、過去へ戻っていく傾向があります。

でも、古代の楔形文字や、メソポタミアからエジプトへ伝わった文字なども、「もとは宇宙の言葉だ」と、かなり言われていますので、そのような秘密も、そのうち明らかになってくるのでしょう。

まあ、今日は、このくらいにしましょうか。

はい、ありがとうございました。

初めて月の裏側に行った有人宇宙船アポロ8号による「地球の出」(Earthrise)。アポロ8号は、月を周回し、月の裏側から表側に戻る際、青い地球が月の地平線に昇る姿をとらえた。

## あとがき

本書には、地球人に対して友好的なヤギ型宇宙人や、やや危険なレプタリアン型宇宙人、そして彼らの、ダークサイド・ムーンの基地の様子まで描写されている。

いずれにしても宇宙と宇宙人の探索は、膨大な予算と時間を必要とするため、特殊な超能力があれば、先行調査に使うべきだろう。

私自身、自分にどこまで隠された能力があるのかはよく判らない。しかし、「宇宙の法」の次元に踏み込んだ時、自分がある種の人間を超えた神霊として、久遠の昔から存在していて、今、仮に地上に下生しているのが実感として感じられる。
本書の刊行が、私の本来の使命の一端を明かすきっかけともなることを願ってやまない。

二〇一四年　三月二十二日

幸福の科学グループ創始者兼総裁　大川隆法

『ダークサイド・ムーンの遠隔透視』大川隆法著作関連書籍

『太陽の法』（幸福の科学出版刊）
『不滅の法』（同右）
『トーマス・エジソンの未来科学リーディング』（同右）
『遠隔透視　ネッシーは実在するか』（同右）
『宇宙人リーディング』（同右）

※左記は書店では取り扱っておりません。最寄りの精舎・支部・拠点までお問い合わせください。
『宇宙人探索リーディング』（宗教法人幸福の科学刊）
『多様なる創造の姿』（同右）
『宇宙人リーディング　未来予知編』（同右）
『宇宙の中の地球人』（同右）

## 大川隆法
（おおかわ りゅうほう）

幸福の科学グループ創始者 兼 総裁。
1956（昭和31）年7月7日、徳島県に生まれる。東京大学法学部卒業後、大手総合商社に入社し、ニューヨーク本社に勤務するかたわら、ニューヨーク市立大学大学院で国際金融論を学ぶ。81年、大悟し、人類救済の大いなる使命を持つ「エル・カンターレ」であることを自覚する。86年、「幸福の科学」を設立。現在、全国および海外に数多くの精舎を建立し、精力的に活動を展開している。著作は27言語以上に翻訳され、発刊点数は全世界で1500書を超える。『太陽の法』（幸福の科学出版刊）をはじめとする著作の多くはベストセラー、ミリオンセラーとなっている。またメディア文化事業として、映画「神秘の法」など、8作の映画を製作総指揮している。幸福実現党、幸福の科学学園中学校・高等学校の創立者でもある。



ダークサイド・ムーンの遠隔透視（えんかくとうし）
――月の裏側に隠された秘密に迫る――

---

2014年5月30日　初版第1刷

大川隆法（おおかわりゅうほう）

幸福の科学出版株式会社

〒107-0052 東京都港区赤坂2丁目10番14号
TEL(03)5573-7700
http://www.irhpress.co.jp/

---

印刷・製本　株式会社 サンニチ印刷

---

落丁・乱丁本はおとりかえいたします



ISBN978-4-86395-420-5 C0014
イラスト：水谷嘉孝

大川隆法製作総指揮
長編アニメーション映画
UFO学園の秘密
2015年公開予定
Coming Soon!

## 大川隆法 ベストセラーズ・宇宙人リーディング

「宇宙の法」入門
宇宙人とUFOの真実
THE FACT
大川隆法
RYUHO OKAWA
Introduction to the laws of the universe
レプタリアン、グレイ、
ニビル星人、プレアデス星人……
彼らの真実の姿と、地球来訪の目的とは何か？
宇宙人と地球人の共存は、すでに始まっている。
天上界からのメッセージで
明かされた衝撃の事実！

1,200円

# 「宇宙の法」入門

## 宇宙人とUFOの真実

あの世で、宇宙にかかわる仕事をされている６人の霊人が語る、驚愕の真実。宇宙人の真実の姿、そして、宇宙から見た「地球の使命」が明かされる。

**第1章 「宇宙の法」入門**
　登場霊人　エンリル／孔子／アテナ
　　　　　　／リエント・アール・クラウド
**第2章 宇宙人とUFOの真実**
　登場霊人　ゼカリア・シッチンの守護霊
　　　　　　／アダムスキー

※表示価格は本体価格（税別）です。

## 大川隆法 ベストセラーズ・宇宙人リーディング

# 宇宙人との対話

### 地球で生きる宇宙人の告白

地球人のなかには、過去、他の星から移住してきた宇宙人がいる！　宇宙人として魂の記憶を甦らせた衝撃の記録。彼らの地球飛来の目的とは？

**第１章　プレアデス星人との対話**
**第２章　ウンモ星人との対話**
**第３章　レプタリアンとの対話**
**第４章　ベガ星人との対話**
**第５章　金星人との対話**
**第６章　ケンタウルス座α星人との対話**

1,500円

---

# 宇宙人リーディング

### よみがえる宇宙人の記憶

イボガエル型金星人、ニワトリ型火星人、クラリオン星人、さそり座の宇宙人、エサザニ星人が登場。大反響「宇宙人シリーズ」第3弾！

**第１章　酸性の海に棲む金星人（両生類型）**
**第２章　軍神的役割の火星人（ニワトリ型）**
**第３章　月に基地を持つ宇宙人**
**第４章　愛の心が強いクラリオン星人**
**第５章　徳を重視する「さそり座」の宇宙人**
**第６章　超能力を持つエサザニ星の巫女**

1,300円

幸福の科学出版

大川隆法ベストセラーズ・宇宙人リーディング

# レプタリアンの逆襲I

## 地球の侵略者か守護神か

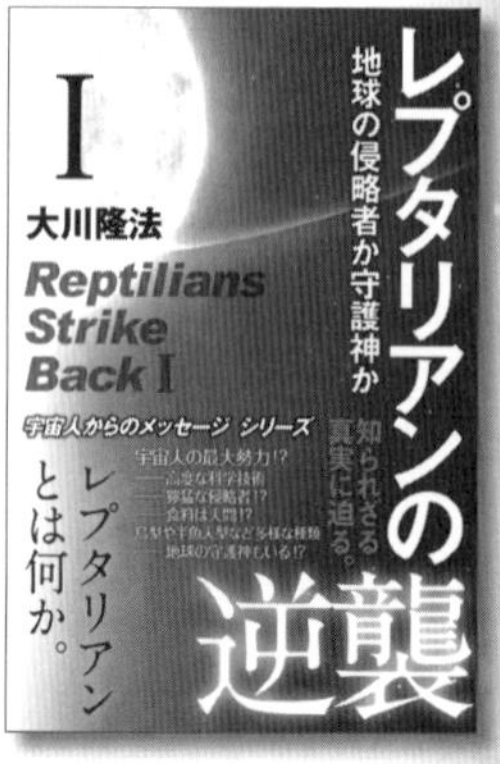


高い技術力と戦闘力を持つレプタリアン。彼らには、多様な種類が存在した。彼らの目的は!? 地球にもたらした「進化」とは!?

第１章　「帝王」と称する最強のゼータ星人
第２章　「地球の守護神」のアルタイル星人
第３章　水陸両用の温和なレプタリアン

1,400円

---

# レプタリアンの逆襲II

## 進化の神の条件

高い科学技術と戦闘力を持つレプタリアン。彼らの中には、地球神に帰依し「守護神」となった者も存在した。その秘密に迫る。

第１章　伝説の神獣・白虎の姿をした宇宙人
第２章　争いを嫌うゼータＢ星人
第３章　主への信仰を説くゼータ星人
第４章　「正義の守護神」
　　— エル・カンターレの創造に例外はあるのか

1,500円

幸福の科学出版

# 幸福の科学グループのご案内

**宗教、教育、政治、出版などの活動を通じて、地球的ユートピアの実現を目指しています。**

## 宗教法人　幸福の科学

一九八六年に立宗。一九九一年に宗教法人格を取得。信仰の対象は、地球系霊団の最高大霊、主エル・カンターレ。世界百カ国以上の国々に信者を持ち、全人類救済という尊い使命のもと、信者は、「愛」と「悟り」と「ユートピア建設」の教えの実践、伝道に励んでいます。

（二〇一四年四月現在）

## 愛

幸福の科学の「愛」とは、与える愛です。これは、仏教の慈悲や布施の精神と同じことです。信者は、仏法真理をお伝えすることを通して、多くの方に幸福な人生を送っていただくための活動に励んでいます。

## 悟り

「悟り」とは、自らが仏の子であることを知るということです。教学や精神統一によって心を磨き、智慧を得て悩みを解決すると共に、天使・菩薩の境地を目指し、より多くの人を救える力を身につけていきます。

## ユートピア建設

私たち人間は、地上に理想世界を建設するという尊い使命を持って生まれてきています。社会の悪を押しとどめ、善を推し進めるために、信者はさまざまな活動に積極的に参加しています。

国内外の世界で貧困や災害、心の病で苦しんでいる人々に対しては、現地メンバーや支援団体と連携して、物心両面にわたり、あらゆる手段で手を差し伸べています。

年間約３万人の自殺者を減らすため、全国各地で街頭キャンペーンを展開しています。

公式サイト **www.withyou-hs.net**

ヘレン・ケラーを理想として活動する、ハンディキャップを持つ方とボランティアの会です。視聴覚障害者、肢体不自由な方々に仏法真理を学んでいただくための、さまざまなサポートをしています。

公式サイト **www.helen-hs.net**

INFORMATION

お近くの精舎・支部・拠点など、お問い合わせは、こちらまで！

**幸福の科学サービスセンター**

**TEL. 03-5793-1727**（受付時間 火〜金:10〜20時／土・日:10〜18時）

**宗教法人 幸福の科学 公式サイト happy-science.jp**

# 教育

## 学校法人 幸福の科学学園

学校法人 幸福の科学学園は、幸福の科学の教育理念のもとにつくられた教育機関です。人間にとって最も大切な宗教教育の導入を通じて精神性を高めながら、ユートピア建設に貢献する人材輩出を目指しています。

**幸福の科学学園**

**中学校・高等学校（那須本校）**

2010年4月開校・栃木県那須郡（男女共学・全寮制）

TEL **0287-75-7777**

公式サイト **happy-science.ac.jp**

**関西中学校・高等学校（関西校）**

2013年4月開校・滋賀県大津市（男女共学・寮及び通学）

TEL **077-573-7774**

公式サイト **kansai.happy-science.ac.jp**

幸福の科学大学（仮称・設置認可申請中）

2015年開学予定

TEL **03-6277-7248**（幸福の科学 大学準備室）

公式サイト **university.happy-science.jp**

---

**仏法真理塾「サクセスNo.1」** TEL **03-5750-0747**（東京本校）

小・中・高校生が、信仰教育を基礎にしながら、「勉強も『心の修行』」と考えて学んでいます。

**不登校児支援スクール「ネバー・マインド」** TEL **03-5750-1741**

心の面からのアプローチを重視して、不登校の子供たちを支援しています。
また、障害児支援の「**ユー・アー・エンゼル！**」運動も行っています。

**エンゼルプランV** TEL **03-5750-0757**

幼少時からの心の教育を大切にして、信仰をベースにした幼児教育を行っています。

**シニア・プラン21** TEL **03-6384-0778**

希望に満ちた生涯現役人生のために、年齢を問わず、多くの方が学んでいます。

**NPO 活動支援**

学校からのいじめ追放を目指し、さまざまな社会提言をしています。また、各地でのシンポジウムや学校への啓発ポスター掲示等に取り組むNPO「いじめから子供を守ろう！ネットワーク」を支援しています。

ブログ **mamoro.blog86.fc2.com**

公式サイト **mamoro.org**

相談窓口 **TEL.03-5719-2170**

## 政治

### 幸福実現党

内憂外患（ないゆうがいかん）の国難に立ち向かうべく、二〇〇九年五月に幸福実現党を立党しました。創立者である大川隆法党総裁の精神的指導のもと、宗教だけでは解決できない問題に取り組み、幸福を具体化するための力になっています。

党員の機関紙
「幸福実現NEWS」

TEL 03-6441-0754
公式サイト hr-party.jp

## 出版メディア事業

### 幸福の科学出版

大川隆法総裁の仏法真理の書を中心に、ビジネス、自己啓発、小説など、さまざまなジャンルの書籍・雑誌を出版しています。他にも、映画事業、文学・学術発展のための振興事業、テレビ・ラジオ番組の提供など、幸福の科学文化を広げる事業を行っています。

アー・ユー・ハッピー？
**are-you-happy.com**

ザ・リバティ
**the-liberty.com**

幸福の科学出版
TEL 03-5573-7700
公式サイト irhpress.co.jp

THE FACT

**ザ・ファクト**
マスコミが報道しない「事実」を世界に伝えるネット・オピニオン番組

Youtubeにて随時好評配信中！

ザ・ファクト　検索

# 入会のご案内

## あなたも、幸福の科学に集い、<br>ほんとうの幸福を<br>見つけてみませんか？

幸福の科学では、大川隆法総裁が説く仏法真理をもとに、「どうすれば幸福になれるのか、また、他の人を幸福にできるのか」を学び、実践しています。

### 入会

大川隆法総裁の教えを信じ、学ぼうとする方なら、どなたでも入会できます。入会された方には、『入会版「正心法語」』が授与されます。（入会の奉納は1,000円目安です）

**ネット**でも**入会**できます。詳しくは、下記URLへ。
**happy-science.jp/joinus**

### 三帰誓願（さんきせいがん）

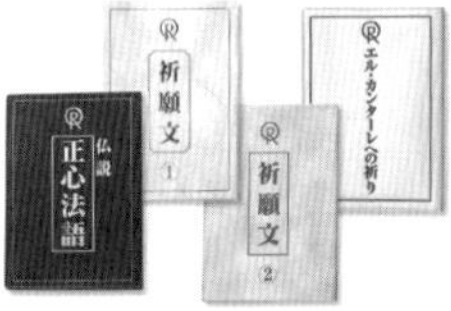


仏弟子としてさらに信仰を深めたい方は、仏・法・僧の三宝への帰依を誓う「三帰誓願式」を受けることができます。三帰誓願者には、『仏説・正心法語』『祈願文①』『祈願文②』『エル・カンターレへの祈り』が授与されます。

### 植福（しょくふく）の会

植福は、ユートピア建設のために、自分の富を差し出す尊い布施の行為です。布施の機会として、毎月1口1,000円からお申込みいただける、「植福の会」がございます。

「植福の会」に参加された方のうちご希望の方には、幸福の科学の小冊子（毎月1回）をお送りいたします。詳しくは、下記の電話番号までお問い合わせください。

月刊「幸福の科学」

ザ・伝道

ヤング・ブッダ

ヘルメス・エンゼルズ

| INFORMATION | **幸福の科学サービスセンター**<br>**TEL. 03-5793-1727**（受付時間 火～金：10～20時／土・日：10～18時）<br>宗教法人 幸福の科学 公式サイト **happy-science.jp** |
|---|---|